Franziska Krattinger

Ein Wort genügt!

Franziska Krattinger

EIN
WORT
GENÜGT!

... sich einfach umprogrammieren

///////////////////////////// SILBERSCHNUR ❦ VERLAG

Copyright © Verlag »Die Silberschnur« GmbH

ISBN 978-3-89845-152-9

1. Auflage 2006	3. Auflage 2008	5. Auflage 2015
2. Auflage 2007	4. Auflage 2009	6. Auflage 2019

Gestaltung & Satz: XPresentation, Güllesheim
Druck: Finidr, s.r.o. Cesky Tesin

Verlag »Die Silberschnur« GmbH · Steinstraße 1 · D-56593 Güllesheim

www.silberschnur.de · E-Mail: info@silberschnur.de

Inhalt

Vorwort

Manchmal sagt ein Wort mehr als tausend Worte! Eine kurze Ansage ist generell von bleibender Wirkung, denn je mehr Worte und Erklärungen verwendet werden, umso mehr schwindet die Aufmerksamkeit für das Wesentliche.

Ein gezieltes Wort – im bewussten Moment – ist von bleibender Wirkung. Ein kluger und weiser Mensch wählt seine Worte demzufolge bewusst, denn er kennt die Wirkung und die Bedeutung, die dem Wort zukommt. JEDES Wort hat seine Wirkung!

Worte sind Schlüssel zu bestimmten Energien! Achten Sie daher auf Ihre Worte, denn sie führen zu Taten und Reaktionen …

PS: Die praktische Anleitung für ein erfolgreiches Verwenden der Schaltwörter finden Sie unter »Praktisches«.

1. Kapitel

DIE GRUNDLAGEN –

Ihr Rüstzeug, um mit den
Schaltworten arbeiten zu können

Merke!

Du kannst nie einen Menschen ändern
(jeder kann nur sich selbst ändern),
aber du kannst immer die Situation ändern!

»Ich bin der Weg«

Unzählige Menschen sind der irrigen Meinung, dass ein bestimmter Mensch an ihrer Situation Schuld hat, und solange sie in dieser geistigen Haltung verbleiben, warten sie vergeblich darauf, dass sich in ihrem Leben etwas Grundlegendes ändert. Sie sind fest davon überzeugt, dass man von bestimmten Handlungen anderer abhängig ist und man daran nicht viel ändern kann. Sie warten vergeblich darauf, dass sich der Mitmensch ändert, so dass sich dann auch in ihrem Leben etwas ändern könnte. Diese Denkhaltung blockiert die persönliche Macht. Die EIGENE, persönliche Haltung ist maßgebend und entscheidend für die tatsächliche Wirkung! Die persönliche Lösung findet sich, wenn man seine Aufmerksamkeit konzentriert auf sich selbst richtet. Nicht, was andere denken wirkt sich aus, sondern was man selbst gedanklich bestimmt. Die geistige Ohnmacht bestimmt den Alltag! (Der andere schafft es noch, Sie von sich selbst abzulenken. Sie sind außer sich und weit davon entfernt, die Lösung zuzulassen. Dies verursacht – natürlicherweise –

schlechte Gefühle wie Verzweiflung, Gereiztheit, Unzufriedenheit, Frust, Wut, Ärger, Ohnmacht, Negativität usw. Gibt es in Ihrem Dasein auch noch Zeiten, in denen Sie völlig daneben sind oder gar daneben liegen, und fällt es Ihnen schwer, wieder in Ihre Mitte zu kommen? Fühlen Sie sich müde und ausgelaugt, und sind mit Ihrer Kraft am Ende? Denken Sie: »Ich bin umgeben von Verrückten«? Dem ist so, weil Sie selbst ver-rückt sind, d. h. Sie sind nicht mehr in der ruhenden Mitte, aus der sich ALLES erkennen und lösen lässt!) Man hat sie glauben gemacht, dass man von bestimmten Handlungen anderer abhängig ist und dass man selbst nicht wirklich viel tun und ändern kann. Diese Menschen haben längst die Haltung angenommen und verankert, sich fügen zu müssen. Menschen reiben sich an der Art ihres Gegenübers und vergessen dabei vollkommen ihre eigene Macht; denn immerhin haben sie die jeweiligen Situationen, in denen sie sich befinden, selbst bestimmt – und daher können auch nur sie sie wieder selbst verändern. Menschen behindern sich jedoch mit der Vorstellung, dass ihre persönliche Lage von außen bestimmt sei. Die eigene Lebensqualität scheint durch das Verhalten der Mitwelt bestimmt, und man denkt, man müsse dem Diktat der Fremdmächte folgen. Der Mitmensch und das Umfeld scheinen die Ursache für persönliche Probleme und Schwierigkeiten zu sein. In Wahrheit ist die Mitwelt jedoch bloß ein Spiegel der persönlich verinnerlichten Weltanschauung und des gespeicherten Weltbildes. »Ändere dich, und das Leben ändert sich!«

Die eigene, persönliche Haltung ist maßgebend und entscheidend für die tatsächliche Wirkung. Darauf gilt es besonders zu achten, und deswegen ist es so wichtig, sich auf sich selbst zu konzentrieren. Andernfalls setzen sich der Irrtum und die daraus resultierenden Probleme fort. Wer sich an der Art und Weise eines anderen stört, bleibt stehen und regt sich sinnlos auf. Es steht jedem frei, sich ärgern zu wollen. Die innere Kritik am anderen, lässt die schlechten Gefühle im eigenen Inneren entstehen. Der Zwang und die Fixierung auf die »andere« Lebensweise verhindern die Verwirklichung des eigenen Lebenskonzeptes. Die Mitwelt spiegelt das eigene Verhalten. Indem Sie sich fragen: »Was trage ich in mir, dass mir solches widerfährt?«, erhalten Sie den Schlüssel zur eigenen Veränderungsmöglichkeit. Sie selbst sind die Lösung. Die äußeren Umstände sind nur scheinbar festgefahren: Was Ihnen begegnet, das ist nur das, was Sie als Haltung in sich tragen. Übernehmen Sie deshalb Verantwortung für alles, was sich in Ihrem Leben ereignet. Das Wichtigste in Ihrem Leben ist, dass Sie – sich selbst zuliebe – jegliche negativen Emotionen und Gefühle besiegen, sie im Bewusstsein auflösen. Verändern Sie Ihre Wertung, und Sie werden wirkliche Werte manifestieren. Dies ist der Beginn der wahren und wirklichen Veränderung. Befreien Sie sich von allem, was Sie hindern könnte, glücklich und reich gesegnet zu sein. Sagen Sie nicht weiter: »Ich kann nichts ändern«, sondern beginnen Sie heute damit, die Dinge zu ändern, die bereits möglich sind. Konzentrieren Sie sich auf Ihre Möglichkeiten! Überprüfen Sie, was Sie ablehnen, denn dieses wird sich Ihnen weiter in den Weg stellen! Jegliche Ablehnung lenkt Sie ab. Jeglicher Zweifel nimmt Ihnen die geistige Macht! Besinnen Sie sich auf IHRE Wirkung, denn darin ist Ihre Wahrheit. Dies ist der Weg und der Schlüssel zu wahrer Erfüllung: Richten Sie Ihre Aufmerksamkeit auf Ihr eigenes Verhalten, und Sie erkennen mit Sicherheit, wo Änderungsbedarf in IHREM Sinne ist! Die Selbst-Erkenntnis ist der Weg der wirklichen Befreiung! Mit der Zeit werden Ihr Können und Ihre Stärken wachsen, und es wird Ihnen immer schneller gelingen, in der Realität zu manifestieren, was Sie selbst wollen.

Denken Sie immer daran: Sie sind in der Lage, das Unmögliche möglich zu machen! Prägen Sie sich diese Wahrheit ein, und sie wird ihre Wirkung haben ...

Jeder Mensch bestimmt – durch das, was er denkt – seinen Weg selbst. Ein Gedanke beschäftigt und treibt zu Reaktionen an. Gedanken sind energetisch bewegende Kräfte, die sich in wirklichen Situationen und Lebenserfahrungen manifestieren. Unsere WERKzeuge sind die Gedankenkraft und die Liebe. Dies ist die beste Kombination und verkörpert die stärkste und höchste Macht. Die Gedankenkraft ist die stärkste geistige Bestimmungsmacht der Menschen. Im Gedankenreich wurzelt der persönliche Antrieb. Man ist sozusagen durch das getrieben, was man denkt. Die treibende Kraft des Gedankens ist die Emotion; sie ist sozusagen die weibliche Seite des männlichen Gedankens. So sind viele stets gedanklich und emotional herausgefordert. Unvollständige Gedankengänge führen zu unvollständigen Lebenssituationen. Gedanken sind Energien, die ansteckend wirken können, solange man sich dem eigenen Gedanken nicht wirklich bewusst ist. Dies ist die eigentliche Gefahr: sich selbst zu verlieren und in den gedanklichen und emotionalen

Vorstellungen der Mitwelt unterzugehen. Es erfordert unsere ganze Konzentration, wenn man persönlich nicht von seinem Weg abkommen und sich im Leben nicht verirren will. Schenken Sie Ihren eigenen Gedanken die höchste Aufmerksamkeit! Durch NACHdenken können Sie erkennen, welcher Gedanke unvollständig, also in sich nicht schlüssig ist.

Der eigene Gedanke bewegt und erzielt Situationen. So gibt es in Wahrheit so viele Wege, wie es Menschen gibt. Das Ziel ist für alle gleich, denn **alle Seelen** sind auf dem Weg zurück – zurück in eine Einheit, die sich mit Worten nicht beschreiben lässt. Wie lange jeder für diesen Weg braucht, das liegt in der persönlichen Selbstbestimmung und allein in der Macht des Einzelnen. Durch die eigenen Gedanken bewegt man sich weiter – von Erfahrung zu Erfahrung, denn ein Gedanke = Zwang zur Erfüllung. Wenn man demnach einmal etwas gedacht hat, nimmt das Schicksal schon seinen Lauf! Jeder Gedanke setzt also Energie frei – oder raubt Energie. Dies können Sie sofort testen, indem Sie an jemanden denken, den Sie lieben – und sofort verspüren Sie die stärkende Energie. Denken Sie aber an jemanden, dessen Art Sie völlig ablehnen, so werden Sie augenblicklich müde und fühlen sich ausgelaugt und schwach. In Wahrheit ist es aber nur Ihre eigene, innere Haltung, die Sie stärkt oder schwächt. Wenn wir wütend über jemanden sind, dann ist es letztendlich nicht die Person, über die wir wütend sind, sondern wir wollen das Unangenehme in uns selbst nicht sehen und akzeptieren, das durch die Gegenwart dieser Person bewusst gemacht wird. Wir ärgern uns über uns selbst, weil wir dem Gegenüber so viel

Macht geben, indem wir uns mit dessen Art und Weise aufhalten und von uns ablenken lassen. Wir lieben es überhaupt nicht, an unsere Schwächen er*innert* zu werden. Doch genau das ist unsere Chance, die wahre und wirkliche Freiheit zu finden.

Das kosmische Gesetz lautet:

JEDER Gedanke verwirklicht sich irgendwann.
Das Leben macht keine Unterschiede zwischen gut und
böse oder positiv und negativ, denn »es« wertet nicht,
sondern lässt jede Erfahrung zu!

Denken Sie daran: SIE SIND ES IMMER SELBST, der die Macht hat, die gegenwärtige Situation zu verändern und in eine neue Richtung zu lenken. Die Gedankenkraft wird von vielen Menschen vergeudet, indem sie diese Kraft zum Verhindern und Vermeiden von Situationen einsetzen. Sie denken »im Voraus«, was sie nicht machen werden und wie sie auf (ungestellte) Fragen antworten werden. Viele wissen also immer nur, was sie NICHT wollen und können sich daher nicht vorstellen, was sie haben könnten. Der Gedanke bietet aber die Möglichkeit zum Erschaffen von Situationen. JETZT ist der ideale Moment, dem eigenen Leben eine neue Richtung zum eigentlichen Glück zu geben. Gönnen Sie sich die Lösung!

Sagen Sie nicht weiter: »Ich kann nichts ändern«, sondern beginnen Sie heute damit, die Dinge zu ändern, die bereits möglich sind. Gehen Sie bewusst und mit veränderter Haltung auf Ihre Mitwelt zu. Sie werden staunen, wie Ihre veränderte Haltung sichtbare Wirkung hat. Lächeln Sie, und die Welt lächelt zurück! Geben Sie sich selbst die Chance und die Macht, indem Sie wissen, dass Sie die Macht wirklich haben, alles in der Weise verändern zu können, dass wahre Freude und Erfülltheit Ihr Leben bereichern. Durch die bewusste, persönliche Haltung werden Ihr Können und Ihre Stärken wachsen, und es wird Ihnen immer schneller gelingen, was Sie selbst wollen.

Sie sind in der Lage, das Unmögliche möglich zu machen! Prägen Sie sich diese Wahrheit ein, und sie wird ihre Wirkung haben. Schenken Sie sich volle und bewusste Aufmerksamkeit. Das ist der Schlüssel der befreienden Erkenntnis! Wie gesagt: **Es ist nicht anstrengend, aber es braucht Ihre Konzentration auf sich selbst – immer wieder, in jedem Moment!** Überprüfen Sie, welcher Gedanke aus Ihnen selbst entsteht, und welche Gedanken Sie einfach nur übernehmen. Denken Sie weiter, oder denken Sie zurück? Damit bestimmen Sie, ob Sie sich WEITER oder ZURÜCK entwickeln.

Der Meister Mensch ...

Das Leben ist eine Meisterschaft, in der sich jeder Mensch immer wieder selbst begegnet. Wir sind hier, um uns zu erkennen und um unseren Weg zu gehen. Jeder Moment ist dazu da, sich selbst zu befreien, indem er jegliche Negativität durch Bewusstsein und durch die bewusste Umstellung der inneren Haltung besiegt! »Ich bin das, was ich bin und was in allen Begegnungen und Beziehungen wieder zum Tragen kommt!«

Doch viele Menschen versuchen sich selbst aus dem Weg zu gehen – und stolpern dennoch immer wieder über ihre eigenen Hürden, die sie sich (geistig, gedanklich und emotional) selbst aufgebaut haben. Man leidet sozusagen unter sich selbst. Doch jeder MUSS mit sich selbst leben, auch wenn so viele immer wieder mit sich kämpfen, weil sie nicht verstanden haben, dass für alles, was ihnen begegnet, die Ursache in ihnen selbst liegt. Man sieht sich als seinen eigenen Feind – und solange dies so ist, wird das Leben auch feindlich und bedrohlich erscheinen. Es fällt schwer, Größe zu entwickeln und großzügig zu sein, weil man ja auch nichts von sich selbst hält. Wie kann man geben, solange man glaubt, nichts zu haben? Doch denken Sie immer daran: Jeder gewinnt nur durch sich selbst – oder verliert durch sich selbst. Jeder ist selbst sein Problem – und natürlich selbst auch seine Lösung.

Durch die weit verbreitete Selbstablehnung entstehen kranke, unbefriedigende Zustände. Problemsituationen bringen den Menschen dazu, sich persönlich wieder wahrzunehmen, um letztendlich seine Kräfte neu auszurichten. Eine Lähmung beispielsweise weckt Sehnsucht und aktiviert den Wunsch nach Bewegung. Jeder beschränkt oder befreit sich dabei selbst durch das, was er für möglich hält. Der eigene Horizont ist durch das Streben bestimmt. Sagen Sie eher: »Ich kann das nicht!«, oder »Ich bin nun bereit, mir das Beste und Höchste zu gönnen!«? – Sie haben immer die Wahl!

Was wir im anderen sehen, sind wir selbst, oder wir sind auf dem Weg, die gleiche Art anzunehmen und zu manifestieren. Was wir befürchten, haben wir längst in die Wege geleitet. Was wir SELBST denken, wird sich erfüllen. Beachten Sie! **Das Leben unterscheidet nicht zwischen gut und böse oder positiv und negativ.** Sie werden erleben, was Sie sich »so zusammengedacht« haben! Die Welt ist, wie SIE darüber denken.

Das Leben sieht alle gleich und schenkt allen die gleichen Möglichkeiten. Wir haben die Freiheit erhalten, denken zu können. Aber Gedankenhygiene ist dringend angesagt! Denn vielen ist nicht bewusst, was sie sich selbst mit ihren Gedanken antun. So bewahrheiten sich natürlich letztendlich auch unsere Befürchtungen. Wir wollen vom Leben positiv überrascht werden und sind verzweifelt, dass es nicht so ist. »Ich wünsche mir, es wäre anders, als ich denke!« Das Leben ist und begegnet uns jedoch immer nur so, wie wir selbst darüber denken: Mein Gedanke ist in meinem Leben maßgebend.

Es ist reine Gedankenverschwendung, wenn wir uns Sorgen machen, was ein anderer Mensch über uns denken könnte. Wir verschwenden Kraft, um dem anderen zu beweisen, das wir nicht so sind, wie ER denkt, dass wir sind. Machen Sie sich auch so viele Sorgen, und kommen Sie überhaupt nicht mehr dazu, das Leben zu sehen? Nehmen Ihre Befürchtungen überhand? Überhaupt verliert der größte Teil der Menschheit seine Kraft durch Mangeldenken. Man kann sich vorstellen, nichts oder zu wenig zu haben, aber es scheint unmöglich zu sein, sich stetes Wachsen vorzustellen. Es scheint schwer, ausgerichtet zu bleiben und sich nicht von sich ablenken zu lassen. Man vermutet, dass die anderen sowieso nichts Gutes denken, und weil man diese Haltung in sich trägt, überprüft man ständig, ob dem so ist. Die negativen Befürchtungen führen aber dazu, dass man das Gute, das einem begegnet, sofort in Frage stellt: »Wo ist der Haken?« Befürchtungen verhindern, dass sich das Gute auf Dauer durchsetzen kann. Doch: »Fürchte dich nicht!« In Wahrheit muss man sich nur vor sich selbst fürchten, solange man sich selbst die Lösung nicht gönnen will.

Viele fürchten, was andere denken! Dies lässt sie dauernd Schutz suchen. Wer sich schützt, befürchtet, dass der andere Böses im Sinn hat, und man gibt diesem die Macht, einem schaden zu können. So nützt letztendlich kein Schutz, weil man sich den Schaden bereits vorstellt. Man denkt, die anderen wären falsch, und man richtet seine Aufmerksamkeit nur noch darauf, die anderen zu überwachen und zu kontrollieren. Weil man ständig Negatives befürchtet, lebt man in konstanter Anspannung, und dies verhindert jeglichen Lebensgenuss. Konzentrieren Sie sich lieber auf sich selbst, und freuen Sie sich über Ihre kleinen und großen Siege im Alltag, dann werden Sie weiter wachsen. Wir sind hier, um unsere eigene

Größe wieder zu finden und unsere Werte in der Tat zu verwirklichen. Das Leben fordert uns heraus, unsere wahre Größe zu zeigen. Diese finden wir durch unsere Geisteshaltung. Teilen wir unsere Werte, so vermehren wir diese dadurch. Durch das dauernde Trennen jedoch schaffen wir Mangel und Distanz, die uns vom Glück abhalten. Solange der Gedanke »nicht gut genug« gepflegt wird, wird das die tatsächliche Realität sein. Wir haben Recht mit dem, was wir denken.

Menschen fühlen sich durch ein Wort oder durch versteckte Anspielungen provoziert und reagieren auf Aussagen und Handlungen gereizt und genervt. Damit zeigen sie, dass sie betroffen sind. Doch alles, was uns ärgert, hat immer mit uns selbst zu tun. In der negativen Re-Aktion lässt sich unsere Abhängigkeit und Haltung feststellen. Man ist außer sich, und genau in diesem Moment fühlt man das Wesentliche nicht mehr. Daher sollten wir unbedingt darauf achten, wo und ob wir noch reagieren, oder ob wir bewusst antworten und handeln. Fühlen Sie sich von der Tat eines anderen herausgefordert, dann ist es Zeit, diese Beziehung bzw. Begegnung zu klären. Jeder trägt die Lösung, um im höchsten Sinn zu sein, in sich. Mit welcher Haltung gehe ich auf eine Situation zu? Stelle ich mich schon im Vorfeld auf gewisse Reaktionen ein, so werden diese mit Sicherheit auch eintreffen – oder aber Sie sind einer weisen Persönlichkeit begegnet, die Ihnen zeigt, dass es auch anders geht. Solche Momente beschämen den eigenen Kleingeist und erinnern uns gleichzeitig an die persönliche Möglichkeit zu mehr Größe. Was andere können, können Sie auch! Trauen Sie sich und Ihren Werten! Wäre es nicht so viel

einfacher, man würde die Situation einfach auf sich zukommen lassen können und in dem Moment handeln –
oder eben nicht handeln.

Ego ist – Liebe lebt! Die Entstehung des Egos!

Der Schreiner schnitzt sich die Figur Pinocchio. Der
Schreiner ist also der Schöpfer, und Pinocchio ist das
Geschöpf. Nun, was passiert, wenn das Geschöpf plötzlich denkt, es wäre der Schöpfer? Es erkennt zwar seine
Begrenztheit, will sie aber nicht wahrhaben. Pinocchio
ist sozusagen das Ego, das sich von der eigentlichen
Schöpfungsmacht abkoppeln will. Der Schreiner, also der
Schöpfer, hat keine Angst vor dem Verlust dieser Figur,
denn er weiß, dass er sich jederzeit neue Figuren erschaffen kann. Die Figur aber kennt nur die eine Existenz und
beginnt um ein langes Leben zu kämpfen und ahnt dennoch, dass »es« irgendwann zu Ende ist. Warum lügt Pinocchio (... oder warum lügt man eigentlich)? Man will
den anderen von sich überzeugen, und man will in seinen Augen gut dastehen, weil man ihn braucht und weil
man von ihm gewisse Dinge erwartet, von denen man
glaubt, sie selbst nicht zu haben. An das Ego ist jegliche
Verlust- und Existenzangst gekoppelt. Das Ego neigt dazu,
etwas aus einem Zusammenhang herauszureißen und
den anderen damit festzunageln. Es ist fixiert auf die Re-
aktion des anderen. Ego reagiert auf Ego. Das Ego ist der
Teil in uns, der Abhängigkeit vorgaukelt. Es ist der Kleingeist, der in seiner Begrenzung lebt. Bewusstsein ist das
Ganze zu sehen.

Der größte Teil der Menschen leidet unter sich selbst. Man leidet unter Vorurteilen, weil man Menschen durch ein Urteil positioniert – und dabei selbst aber auch stehen bleibt. Das Ego in uns neigt dazu, Menschen mit ihren Schwächen zu erinnern. Viele erinnern sich leider (!) eher an die Dinge, die der andere nicht so gut kann, und verdrängen dadurch die positiven Taten. So wird aber auch mit ihnen verfahren (Gesetz der Resonanz). Das Ego speichert, was es glaubt, dem anderen vorwerfen zu können, um diesen maßregeln zu können. Seit unserer Geburt wurde dauernd das Ego genährt und entwickelt und dadurch bleibt die Sicht auf das Gefühl, auf die wahre Liebe versperrt. Die Liebe ist immer da und verlässt uns nie, doch solange das Ego unsere Aufmerksamkeit hat, wird die Liebe nicht wahrgenommen. Wie stellt sich nun das Ego dar? Das Ego ist beständig darauf fixiert, Bestätigung von der Mitwelt zu erhalten. Es sucht die Kontrolle und die Macht. Es ist fixiert auf das Tun der anderen und redet uns Dinge ein wie: »Du bist völlig in Ordnung, nur die anderen machen alles falsch.« Dies führt aber immer zu einer herben Enttäuschung, weil sich durch diese Haltung letztendlich nichts ändert. Das Ego sinnt nach Rache und hofft, dass der andere uns braucht und wir ihm auf diese Weise unsere Macht und gleichzeitig seine Ohnmacht und Abhängigkeit demonstrieren können. »Ohne mich bist du nichts!« – das redet das Ego dem anderen ein und hofft, dass der Mitmensch dadurch eingeschüchtert ist und uns so weiter zur Verfügung steht. Das Ego ist die Spaltung vom eigenen Wesen. Weil uns von klein auf eingeredet und demonstriert wurde, dass wir auf den anderen angewiesen sind, ist das Ego zu einem Quälgeist herangewachsen, der uns das Leben schwer macht und uns von der Liebe abhält. »Du bist in Ordnung, nur dein Partner macht alles falsch!« Ein solcher Satz schmeichelt dem Ego, aber ändert nichts und führt vor allem nie zu einer glücklichen, erfüllenden Beziehung. Das Ego redet uns dauernd ein: »Du musst selbst nichts tun, der andere muss zuerst handeln und auf dich zukommen«. Diese trügerische Haltung lässt uns in unangenehmen Abhängigkeiten und Wertlosigkeiten verharren und unglücklich sein. Ego ist Fixierung, Abhängigkeit, Ohnmacht, Unterjochung, Rachsucht, Eifersucht, Schadenfreude, Verlust- und Existenzangst, Opfersein, Zweifel, Wut, Ärger, Hass, Unversöhnlichkeit, Verurteilung, Kampf, geistige Vergesslichkeit, jegliche Form von Zwang usw. Es verkörpert die zwanghafte Überlebensangst, die die Sicht auf das ewige Sein des großen Geistes verhindert! Das übermächtige Ego schafft es, die Menschen von der wahren Liebe abzuhalten. Wir sind aufgefordert, unser Ego zu meistern, so dass der große Schöpfergeist, der sich durch uns manifestieren will, zur Wirkung kommt. Suchen Sie nach der ganzheitlichen Lösung, so fragen Sie: »Was würde die Liebe tun?«, und dann hören Sie in sich hinein, und lassen Sie sich durch Ihr Gefühl leiten. Das Ego wird meist eher durch die Emotion angetrieben. Überprüfen Sie achtsam, wann Ihr Ego reagiert und wann Ihr großer Geist präsent ist. Ihre GEISTESgegenwart ist von größter Bedeutung!

Solange wir aber an Urteilen festhalten, glauben wir nicht an Veränderung und an das Wachsen der Persönlichkeit. Vorurteile führen nur dazu, dass man sich trennt und Abstand hält. Die Distanz, die aufgrund dummer Wertung aufrechterhalten wird, verhindert, dass diese Begegnung zu einer bereichernden Erfahrung wird. Vorurteile zeigen also die innere Angst und betonen die persönliche Schwäche. Man gibt dem anderen keine Chance, sein verändertes und gewachsenes Wesen zu zeigen, und so bringt man zum Ausdruck, dass man selbst stehen geblieben ist. Wenn wir stehen bleiben und wenn andere weiter gehen, so führt dies zu natürlich bedingten Trennungen. In diesem Fall ist Trennung richtig, weil kein Teilen mehr möglich ist. Trennen wir uns von bestimmten Menschen und Situationen, trennt man sich auch von uns. Wir sollten nicht weiter Trennung einplanen, sondern ein befreiendes, liebendes Miteinander anstreben. Doch Vorsicht, etwas halten und behalten zu wollen, führt auf jeden Fall zum Verlust! **Menschen bleiben solange zusammen, wie sie einander etwas geben können!** Alles andere muss sich letztendlich trennen, weil ansonsten das persönliche Wesen sich nicht durchsetzen könnte. Teilen bringt Vermehrung!

Bedenken Sie: Jeder Mensch – und wenn es Ihnen auch schwer fallen sollte, dies zu glauben – ist ein göttliches Wesen, das freiwillig in diese Welt gekommen ist, um sich im höchsten Sinn weiter zu entwickeln. Wir sind hier, um uns von den Fesseln der eigens bestimmten Abhängigkeit und Ohnmacht zu befreien und um die Liebe zu erleben. Wir erleben Erleuchtung, wenn wir den Schatten unserer Geisteshaltung »belichten«! Jede Seele wählt ihr Leben auf der Erde, um die Schöpfung im eigentlichen Sinn zu begreifen. Es ist daher ein wahres Trauerspiel, wenn man beobachtet, wie Menschen sich selbst das Leben schwer machen und sich selbst den Weg versperren. Wie viel leichter und schöner wäre es, wenn man freundlich sein könnte. Was für ein Genuss ist doch ein Leben ohne Ärger und Kampf. Aber die meisten Menschen DENKEN, es ginge nicht ohne Kampf, weil ihnen von klein auf beigebracht wurde: »Wer nicht kämpft, der geht kläglich unter«. Der befürchtete Untergang wird zum tatsächlichen Erleben. Eine solche Haltung nährt das feindliche Bild und verstärkt die lebensbedrohlichen Umstände. Man vermutet eher Feindschaft, als dass man einer Freundschaft vertrauen kann. Der Feind ist überall, und so muss man sich vor allem schützen. – So wird aber auch das Leben lebensfeindlich, weil man immer das Ende befürchtet und zu viel DENKT. Gedanken sind die wahren Verursacher von Stress und Angst.

Meine Gedanken – meine Macht

Ist es so, wie wir denken, dass es ist? Bringen Sie Licht in die »gedankliche Dunkelheit«! Wir denken zu viel und meist noch das Falsche. Es ist ratsam, dass wir weniger denken, um dem Wissen und dem Fühlen mehr Raum zu geben. Im Wesentlichen gibt es keine Zeit, keinen Zwang, keine Angst – alles ist möglich. Nur im Denken liegt die Ursache für Beschränkung. Ein Gedanke ist die bildliche Vorstellung einer Idee: Ein Gedanke – und schon beginnt die Reaktion darauf. Denken bewegt also das Leben, da ein Gedankengang bereits der Zwang zur Tat ist. So lässt uns ein Gedanke nicht mehr los, ja er lässt uns nicht schlafen, und wir fühlen uns zu bestimmten

Verhaltensweisen angetrieben. Er nimmt uns die Ruhe oder besser gesagt, er verhindert, dass wir in die Ruhe kommen. Der Gedanke steuert den Energiefluss und somit bestimmt er maßgeblich unsere Aktivität. So setzt ein Gedanke etwas in Gang, oder er lähmt die Bewegung.

Es ist immer wichtig, dass wir den Beweggrund überprüfen! Warum strebe ich einen Wechsel an? Warum will ich dies oder jenes haben? Ist Mangel die Ausgangslage, so wird verstärkter Mangel das Resultat sein.

Es ist interessant zu beobachten, wie Menschen sich bei bestimmten Aussagen sofort verändern. Die Aura, also ihr Energiefeld fällt augenblicklich in sich zusammen, oder es baut sich nur durch ein Wort wieder auf. In einem Seminar machte ich folgende Übung: Ich forderte die Menschen auf, sich selbst zu beobachten, wenn ich das Wort »Steuererklärung« sage. Eigentlich fiel bei allen Seminarteilnehmern durch das Wort »Steuererklärung« das Energiefeld zusammen, weil jeder dabei an seine bereits gespeicherten Erfahrungen dachte. Die meisten erlebten sich wieder in der festgefahrenen Haltung »kompliziert, mühsam, kann ich nicht, gebe ich weiter, schon wieder Steuern zahlen, Diskussionen, muss ich zum Glück nicht selbst machen usw.« Es war eigentlich traurig zu sehen, dass es keinem in den Sinn gekommen ist, zu denken: »Ich habe Arbeit gehabt und gut verdient, die Steuererklärung mache ich mit links, ich finanziere durch meinen Steuerbeitrag eine gut funktionierende Infrastruktur, ich trage zum gemeinsamen Wohl bei usw.«. Anstatt umzudenken und eine neue Haltung einzunehmen, versuchen wir solche unangenehmen Momente irgendwie zu überstehen, ja zu überleben. Das Leben wird nur noch zum täglichen Überlebenskampf, und wir verbrauchen unsere Energie zum Schützen, Abwehren und Verhindern.

Eine optimale Lebensgestaltung würde dagegen so aussehen:

Wir setzen unsere Energie zum Entstehen von Situationen ein, so sind wir voller Elan und energiegeladen. Anstatt zu denken: »Das kann ich nicht«, könnten wir sagen: »Ich meistere diese Situation mit Leichtigkeit«, und »Gesegnet ist die Größe meines Geistes, und diese kommt nun in all meinen Taten zur sichtbaren Wirkung.«

Trauen Sie sich alles zu, aber befürchten Sie nichts. Glauben Sie an sich, und setzen Sie Ihre Kraft für das ein, was sein soll, statt sie für sinnlose Ängste zu verschwenden. Verlieren Sie sich nicht weiter in Urteilen, sondern freuen Sie sich über die gewonnenen Erkenntnisse! Es lebe das Leben und Ihr großartiges Wesen!

Resumee: Letztendlich zählt also nicht, was andere denken, sondern nur, was ich selbst denke. Wir können uns vom Gedankengut anderer durchaus inspirieren und anregen lassen, aber leider lässt man sich in den meisten Fällen allzu oft von düsteren Zukunftsprognosen anderer einschüchtern.

Die Zukunft beginnt mit dem heutigen Gedanken! Denkt und befürchtet ein Mensch, dass seine Rente in Gefahr ist, und beginnt er, sich lebhaft vorzustellen, dass er durch das System betrogen wird, so wird dem so sein. Jeder muss letztendlich die Verantwortung für alles, was er in seinem Leben manifestiert, übernehmen. Lassen Sie sich nicht weiter unkontrolliert durch das beeinflussen, was in den Medien (Fernsehen, Radio, Zeitung, Politik usw.) verbreitet wird. Denken Sie selbst! Wenn Sie wirklich glücklich und reich werden wollen, sollten Sie das Denken nicht mehr den anderen überlassen! Nicht die Masse hat Recht, sondern jeder Einzelne.

Jammern schafft nie Lösungen, sondern verstärkt das Elend. Darin wurzelt unsere Wahl, wie uns das Leben in der Realität begegnet. Beklagt man unerfreuliche Zustände, so nährt man diese nur weiter, und sie bleiben durch die gedankliche Energie noch weiter wirksam. So *fällt* es vielen Menschen leichter, negative Vorstellungen zu übernehmen, als sich selbst das Beste zu gönnen. Man fällt sozusagen in die Schlangengrube des anderen, weil man zu faul und zu bequem ist, sich selbst bewusst Gedanken zu machen.

Betrachten wir das Ganze, so sind wir fähig, den wahren Sinn zu begreifen. Sowohl die Fülle als auch der Mangel beginnen im Geist. Man lässt sich anstecken. Denken ist eine Krankheit, die Heilung verlangt, wollen wir nicht daran zugrunde gehen.

Wer sich selbst vernachlässigt,
wird vom Leben auf die Seite gestellt!

Wir sind in erster Linie selbst verantwortlich und uns selbst gegenüber verpflichtet.

Wir »müssen« mit uns selbst leben. Viele Menschen kämpfen weiter mit sich und nähren so gedanklich ihr Scheitern, statt sich alles im besten Sinn zuzutrauen. Ein Mensch, der sich selbst durch die Aufmerksamkeit der anderen definiert, ist verloren, denn er wartet auf die Anerkennung, die er sich selbst geben müsste.

Einfach umschalten!

»Schalte einfach um!« Dieser Rat scheint für viele nicht durchführbar. In hilflosen Situationen schaltet man lieber ganz ab und lässt nichts mehr an sich herankommen. Das ist der unglückliche Versuch, die eigene Unfähigkeit zu überstehen. Man versucht irgendwie durchzukommen und hofft, dass die Zeit die Dinge löst. Doch darauf wartet man vergebens. Selbst wenn der Tod das Leiden zu beenden scheint, wird diese Seele erneut mit dem, was sie als Haltung gespeichert hat, den Weg fortsetzen, und sie wird erneut schwierige und ähnliche Lebenssituationen wählen, um sich **in der Tat** zu meistern. Jeder bleibt er selbst – im selbst bestimmten Sinne. Warten zeigt nur die Angst vor der Zukunft. Wer wartet, verpasst die Möglichkeiten im Jetzt. Worauf warten wir? Die bessere Welt entwickelt sich durch uns und nicht durch eine andere Macht. Jeder Moment ist richtig, um den Anfang zu machen! Wer alles auf später schiebt, wird nie beginnen. Überprüfen Sie, ob Sie noch oft die Formulierung »eines Tages werde ich ...« gebrauchen. Zukunft bleibt Zukunft. Sagen Sie einfach: »Jetzt kann ich mir es durchaus vorstellen, so zu sein!«

Ein Wort genügt ...

Ein Wort genügt, und die Stimmung wird besser oder schlechter. Jedes Wort ist ein Kanal, der die entsprechende Energie in unser Dasein leitet, denn Worte sind gebildete Gedanken, die unsere inneren Haltungen verraten. Um eine grundlegende Umstellung vorzunehmen, genügt oft nur das richtige Wort zum richtigen Zeitpunkt.

Wer dagegen viele Worte verliert, verliert sich in Erklärungsversuchen. Jeder Erklärungsversuch ist ein Zeichen dafür, dass man Anerkennung sucht, weil man sich selbst noch nicht sicher ist. Wer zudem immer wieder das Gleiche äußert, zeigt seine gespeicherte Haltung – in dem oder jenem Sinn. Ein gezieltes Wort hat meist eine größere Wirkung als nie endende Worttiraden. Denken Sie in diesem Zusammenhang nur an den Ausspruch: »Dieses eine Wort gibt mir zu denken!«

Es gibt nun Worte, die wirken stark auf das Unterbewusstsein, weil sie eine natürliche Aktivität erzeugen. Diese (Schalt-) Worte beeinflussen unsere Grundeinstellung und helfen uns, aus festgefahrenen Denkmustern herauszufinden und demzufolge beglückende und bereichernde Erfahrungen zu machen. Ein Wort steht sozusagen im Raum und fordert die persönliche Haltung heraus. Es geht grundlegend darum, in der Gegenwart zu handeln, denn nur im Jetzt liegt die Kraft zur Veränderung. So benutzt man die Schaltworte immer einfach genau in dem Moment, der eine Umstellung erfordert.

Empfehlung: Stolpern Sie auch immer wieder über fast unüberwindbare Haltungen? Erkennen Sie den Sinn Ihrer Aussage immer erst, wenn Sie diese bereits getan haben? Fällt Ihnen in negativen Momenten einfach gar nichts mehr ein? Lassen Sie sich immer wieder zu unüberlegten Äußerungen hinreißen?

Sie können sich das Leben wirklich leichter machen, indem Sie ganze Sätze und Wörter aus diesem Buch herausschreiben und diese gut sichtbar irgendwo anbringen (z. B. an den Kühlschrank, den Schreibtisch ...), so dass Sie im Vorbeigehen immer wieder daran erinnert werden. Auf diese Weise werden Sie es leichter haben, und Ihre Mitwelt wird auch noch davon profitieren. Ein Wort steht sozusagen im Raum und be*einfluss*t die Energie der Anwesenden.

Der Mensch – ein Unternehmen, das für sich spricht

Jeder Mensch wird mit allen Lösungen zu den jeweiligen problematischen Situationen, die ihm im Leben begegnen, geboren. (Bei der seelischen, vorgeburtlichen Lebensplanung wählt die Seele Zustände und Situationen, in denen sie sich meistern will. Das Wissen um die Lösung bringt sie also bereits mit.) Weil das Leben nur in der Tat gelöst werden kann, vergisst der Mensch beim Eintritt in diese beschränkte Welt der Formen und Gedanken sein Wissen. Es macht eigentlich auch keinen Sinn, etwas im Voraus zu wissen, denn so kann der jeweilige Moment bewusst erlebt werden. Sonst würde man nur auf eine bestimmte Begegnung in der Zukunft warten und die Gegenwart nicht mehr bewusst zu leben. Zudem: Wenn Sie das Jetzt nicht bewusst leben, wird es keine beglückende Zukunft geben. Sie bestimmen JETZT, wie sich was in Ihrem Dasein fortsetzt. Es erfolgt, was Sie vom Leben halten!

In meinem 16. Lebensjahr hatte ich eine wichtige Begegnung mit meiner inneren Welt. Ich wusste, wenn ich mein inneres Wissen wieder hätte, so wäre alles gelöst. Ich unternahm also alles Mögliche, um wieder klar zu sehen. Doch meine inneren Freunde sagten zu mir: »Es ist nicht die Zeit für dich zu wissen. Erst wenn du bestimmte Situationen gemeistert hast und dich darin voll erkennst, und erst wenn du für alle Unzulänglichkeiten die

Verantwortung übernimmst und keinem anderen mehr Schuld an deinem Leben gibst, dann werden wir dir alles zeigen. Du wirst erleben, was es bedeutet.« Als ich 45 Jahre alt wurde, kam endlich der Moment, an dem man mir alles zeigte – und was geschah? Ich wollte eigentlich in dieser Form nicht mehr weiterleben, denn die Sehnsucht immer in dieser unbeschreiblichen Wärme, Liebe und Unendlichkeit zu leben, war so stark. Mir kam diese irdische Welt so unbedeutend vor, obwohl ich wirklich viele Freiheiten hatte und habe und ich immer mit einem selbstverständlichen Optimismus gesegnet war und bin. »Siehst du«, sagten meine Freunde, »es würde jedem von euch so ergehen. Ihr würdet nur noch nach Hause wollen. Es ist aber so wichtig, in dieser Welt zu sein und seine Aufgabe zu sehen und zu leben. Hättest du »es« gewusst, du hättest du »es« nicht mehr leben wollen, denn das Wissen besitzt du zwar bereits im Voraus, doch musst du es noch in die Tat umsetzen.

Wissen dient also immer dem Moment und bringt uns aus diesem Moment heraus weiter. **Jedes Lernen ist nur ein Wieder-Erinnern der Seele!** Wer Wissen jedoch nicht anwendet, ist in Gedanken verstrickt und in der Theorie gefangen. Wissen befreit!

Der Mensch trägt also alle Möglichkeiten in sich, und diese stehen ihm jederzeit zur Verfügung. Da die meisten Menschen aber im Zwiespalt leben, scheint ihnen der

Weg zur Lösung versperrt, denn der Zweifel betont nur die Trennung und verhindert die Lösung. Das zeigt sich in Situationen, in denen ein Mensch **hin und her** gerissen ist und aus diesem Grund nicht wählen kann. Das Gefühl zeigt zwar den Weg zur Lösung, es zeigt den Weg zum Wissen und zum ganzheitlichen Verstehen, der Verstand aber lebt vom Zweifel und rechnet mit Schwierigkeiten und aktiviert daher beständig den Denkprozess. Es ist der ewige Kampf zwischen Gefühl und Verstand. Der Verstand braucht Beschäftigung. Das Gefühl zeigt sich in der Ruhe. Das Gefühl zeigt den Weg zum wahren Wissen und zum ganzheitlichen Verstehen. Schauen wir nur einen Teil einer Situation an, so erscheint sie uns absurd und unverständlich. Die Lösung liegt im ganzheitlichen Sehen. Nimmt das Denken überhand, so wird das Gefühl unterdrückt, und damit wird das Empfinden von Stress und Spaltung verstärkt. Wenn wir denken, sind wir im Grunde genommen richtiggehend abwesend.

Sie können sich das Unternehmen Mensch demnach so vorstellen: Das Gefühl, nennen wir es hier das Unterbewusstsein, ist der Betrieb, also die gebildete Belegschaft. Das Unterbewusstsein sind also die vorhandenen Fähigkeiten. In diesem Betrieb sind Fachkräfte am Werk, die für jeden Fall eine Lösung parat haben. Der Verstand, nennen wir ihn hier Tagesbewusstsein (willentliche Steuerung), ist der Chef, der letztendlich nach den Empfehlungen des Betriebes handeln sollte. Doch in den meisten Fällen arbeitet der Chef gegen seinen Betrieb und trifft Entscheidungen, ohne auf den fachlichen Rat seiner Mitarbeiter zu hören. Die Informationen hat er sich außerhalb seines Betriebes geholt; er lebt nach einer fremden Theorie und nicht nach den vorhandenen Möglichkeiten. Weil man sich für das eigene Unternehmen mit all den fähigen Mitarbeitern zu wenig interessiert, misst sich der Chef mit anderen Unternehmen und will Dinge durchsetzen, für die im eigenen Betrieb die Grundlagen fehlen – weil eben andere Grundlagen vorhanden sind. Aufgrund der fehlenden Wahrnehmung des eigenen Potenzials werden die vorhandenen Kräfte daher falsch genutzt oder gar ignoriert. Mit der Zeit verweigert die Belegschaft immer mehr ihre Mitarbeit, weil es keinen Spaß macht, immer wieder Verluste zu erleben, und weil es noch weniger Freude macht, wenn der Experte sein Können und Wissen nicht verwirklichen kann. Das Unterbewusstsein, also der Betrieb, steht für Lösung und Gewinn, doch der Verstand dirigiert alles. Der Chef muss eigentlich nur wissen, dass er fähige Mitarbeiter hat. Er ist für das Fortbestehen und für den Gewinn des Betriebes verantwortlich und sollte das Tun der Mitarbeiter gezielt koordinieren. Würde der Chef mit dem Betrieb zusammenarbeiten, würde das Unternehmen blühen, denn alle würden ihre Erkenntnisse miteinander teilen, an ihren Erfahrungen wachsen und damit auch gewinnen. Sie müssen die Lösung nicht denken, sondern nur wollen! Befinden Sie sich in einer Situation, die schwierig ist, so sagen Sie z. B. ÄNDERN!

Um »Chef« und »Betrieb« wieder aufeinander einzustellen, gibt es Code-Wörter, die dem Unterbewusstsein den Befehl geben, nun mit all seinen Stärken aktiv zu sein und an der Lösung mitzuwirken. Der Chef gibt die

Anweisung, weil er seinen Kräften voll vertraut und sich des betrieblichen Potenzials bewusst ist. Der Betrieb setzt dann seine besten Kräfte ein – und schon geschehen wahre Wunder!

Sie werden sich wundern, wie sich durch **nur ein** Wort die innere Haltung verändern lässt und wie dadurch ihre *eigen*tlichen Stärken zum Tragen kommen.

Ob alt, ob jung – jeder kann heute sein Leben neu ausrichten und sich mehr Freude gönnen!

Haltung ist ansteckend, und darum sollten Sie heute entscheiden, wie ansteckend Sie in diese Welt hineinwirken können. Gemeinsam schaffen wir ein Paradies!

Praktisches / Anleitung

Damit Sie schneller zu Ihren Wundern kommen, ist es wichtig, dass Sie – nachdem Sie das Schaltwort ausgesprochen haben – nicht kontrollieren und abwarten, denn damit würden Sie die Wirkung in Frage stellen. Lassen Sie los, und lassen Sie sich vom Gefühl leiten. Geben Sie auch nicht auf, wenn Sie nicht beim ersten Mal Ihr Wunder erleben, denn es wird kommen – bestimmt!

Ist Ihr Umfeld in Unordnung, so ist vermutlich nur ein Wort nötig – und Ihre Welt ist wieder in Ordnung. Sind Sie aber selbst das Problem, müssen Sie das Code-Wort mit Sicherheit häufiger verwenden, bis Sie sich schlussendlich aus der festgefahrenen, einstudierten Haltung befreit haben. Aber es lohnt sich, denn Sie werden sich mit der Zeit immer leichter fühlen, weil das Leben nun wieder alle Werte mit Ihnen teilen kann, weil Sie sich selbst wieder alles wert sind!

Die Botschaft der neuen Zeit lautet:

Wir vereinen uns im Bewusstsein der Werte!

Nicht der Mangel sollte gepflegt werden, sondern richten Sie Ihre Aufmerksamkeit auf die bereits vorhandenen Werte – dann werden diese endlos Früchte tragen, die Sie reich sein lassen.

So ist die Anwendung der Schaltworte das Verbinden der vorhandenen Kräfte im wissenden Miteinander!

Die vorgeschlagenen Rhythmen und die damit verbundene Anzahl (z. B. 4x7 bei ZUSAMMEN) müssen nicht zwingend eingehalten werden, sie sind einfach nur eine Empfehlung. Die Aussprache wird aber wie zu einer Melodie, wenn Sie an der Stelle atmen, an der zwei ** stehen. Sollten Sie dies nicht tun, stellt dies aber selbstverständlich auf keinen Fall die Wirkung in Frage, sondern das Atmen lässt lediglich zusätzlich göttliche Lebenskraft fließen. Hier kommen ganz einfach Erfahrungswerte zum Tragen. Sie können das Schaltwort auch nur einmal sagen. Dies muss auch nicht immer mit Betonung erfolgen; sie können es auch flüstern oder innerlich sagen. Nur: Bitte nicht denken, sondern sprechen!

Sie können jedes Schaltwort zudem beliebig mit einem anderen kombinieren. Ihr Unterbewusstsein wird entscheiden, was im Moment das Beste ist. Doch denken Sie daran: Sie sind der Chef, der den Befehl zur Aktivität erteilen muss! Seien Sie also immer gegenwärtig – in jedem Moment ist Ihre Führung und Leitung vonnöten. Sie entscheiden und wählen, was aus Ihrem Lebensunternehmen wird und welchen Ertrag Sie selbst daraus erwirtschaften.

Wichtig! Sie müssen die Lösung NICHT DENKEN, sondern nur wollen!

Beispiel: Ein Mann stand mit seinem Auto im Stau und erinnerte sich an den Rat seiner Freundin, in einem solchen Fall das Schaltwort WEITER einzusetzen. Er sagte also: »STAU WEITER« – und wunderte sich, dass der Stau immer länger wurde. Es kamen plötzlich noch mehr Autos hinzu ... Der

Grund: Ein Wort, nämlich WEITER, hätte genügt!

Eine verstärkende Wirkung ist gegeben, wenn Sie das Schaltwort sagen und gleichzeitig den Zeigefinger und den Mittelfinger sowie den Daumen zusammenhalten, als würden Sie eine Speise würzen. Dieser Fingergriff verstärkt die Energie und macht Sie in der Tat wirkungsvoller. Sie haben Ihr Glück sozusagen ganz im Griff – und nun kann das Wunder durch Sie geschehen! Sie sind die WIRKUNG Ihrer eigenen Wirklichkeit!

Nun schalten und walten Sie Ihres Amtes, nämlich das Ihrer eigenen großartigen Persönlichkeit. Dass Sie sind, ist bereits eines der größten Wunder, und durch Sie kommen weitere Wunder in dieser Realität zur Wirkung. Gehen Sie immer von der höchsten Kraft aus. Sie sind die Kraft, das Leben und die Liebe ...

Streben wir nach der Lösung, so führt uns die Liebe!

Vor-Sicht/Achtung!

Solange Sie dem Zweifel immer wieder Raum geben, werfen Sie sich selbst in Ihrem Bestreben zurück, und es kommt zu so genannten Rückschlägen. Sobald sich ein leiser Zweifel bemerkbar machen will, sagen Sie einfach: »ÄNDERN!«

Für die tägliche Anwendung: Werden Sie sich Ihrer Schalt-Möglichkeiten bewusst. Wollen Sie den richtigen Schalter für ein bestimmtes Unternehmen oder für den heutigen Tag haben, so schlagen Sie dieses Buch einfach intuitiv auf, und Sie werden an das Wort geführt, das die passende innere Haltung aktiviert, die Sie brauchen, damit Ihr Wunsch optimal gelingen kann. Experimentieren Sie! Schalten und walten Sie nach Ihrem Gefühl! Sie können nichts falsch machen, sondern falsch wäre nur, wenn Sie es nicht machen.

2. Kapitel

DIE SCHALTWORTE

ZUSAMMEN

Sprechen Sie 7x hintereinander das Wort »zusammen«.
Wiederholen Sie das Ganze 4x.

zusammen	zusammen	zusammen	zusammen
zusammen	zusammen	zusammen	zusammen
zusammen	zusammen	zusammen	zusammen
zusammen	zusammen	zusammen	zusammen
zusammen	zusammen	zusammen	zusammen
zusammen	zusammen	zusammen	zusammen
zusammen	zusammen	zusammen	zusammen
**	**	**	

ZUSAMMEN fügt zusammen, was sich ergänzt. Nur das Ganze macht Sinn.

Ist das Ego zu stark am Werk, dann ist die Gefahr sehr groß, dass man eine Einzelheit aus dem ganzen Geschehen herausgreift und diese zum Stein des Anstoßes macht. Man reitet sozusagen auf dem Detail herum, und dadurch ermüdet man selbst und belastet das Umfeld. ZUSAMMEN fördert die Sicht für die ganzen Zusammenhänge. Kann sich ein Mensch an ein vergangenes Geschehen nicht mehr erinnern, dann liegt meist eine Täuschung des Egos vor. Das Ego konzentriert sich auf das Tun des anderen und verhindert die Sicht auf die eigene Verantwortung.

Kommen Menschen zu mir in die Praxis, weil sie einen Konflikt in der Partnerschaft oder im sonstigen Zusammenleben lösen wollen, so frage ich sie konkret nach

Situationen, die sich tatsächlich ereignet haben. Ich frage nach, und wenn mir der Hilfesuchende sagt: »Das weiß ich nicht mehr so genau«, dann weiß ich, dass es um eine pauschale Schuldzuweisung geht. Denn wer sich in der Situation selbst ganz ehrlich betrachtet, der ist der tatsächlichen Lösung sehr nahe. Uns passiert nichts, was nicht auch mit uns zu tun hat!

ZUSAMMEN bewirkt, dass das Unterbewusstsein wieder voll mit dem Überbewusstsein zusammenarbeitet. Es bewirkt den Zusammenschluss und fördert das einheitliche Vorgehen. Die zwei getrennten ICHs werden wieder vereint, um so gemeinsam das Höchste und Beste zu realisieren. ZUSAMMEN löst das Gefühl der Spaltung auf und aktiviert das wesentliche Miteinander der optimalen Kräfte.

Es ist unmöglich, mit ZUSAMMEN Dinge oder Menschen zusammenzubringen, die sich miteinander nicht im ganzheitlichen Sinn vereinbaren lassen. Man kann also nicht damit manipulieren, sondern man kann lediglich die passenden Dinge in ihrer optimalen Zusammensetzung fördern. ZUSAMMEN ist das Schaltwort, das klärt, ob etwas überhaupt zusammenpasst. Falls dies nicht der Fall ist, wird man das Bestreben aufgeben und seine Kräfte nicht weiter sinnlos verschwenden.

Um im besten Sinn zu wirken, könnten Sie z. B. morgens Ihren Vornamen und ZUSAMMEN sagen, und Sie werden staunen, wie Ihre Kräfte ganzheitlich bestens zur Geltung kommen. Fördern Sie auch den Teamgeist im alltäglichen, menschlichen Zusammenwirken, indem

Sie ZUSAMMEN einsetzen. Sind Sie unkonzentriert, und verzetteln Sie sich gerne, so hilft Ihnen ZUSAMMEN dabei, Ihre sieben Sinne optimal zur Wirkung kommen zu lassen. Fehlt Ihnen ein Puzzleteil, um etwas im Vollen und Ganzen zur Wirkung kommen zu lassen, so setzen Sie »Projekt ZUSAMMEN« ein, und Sie werden staunen, wie sich alles auf wundersame Weise fügt.

Wollen Sie Ihre hellseherischen Kräfte wecken? Dann könnten Sie einmal versuchen, die Situation einer Partnerschaft abzufragen, z. B. mit »Adam und Eva ZUSAMMEN ...« Anschließend hören Sie, was Ihr Gefühl sagt. Passen diese zwei Menschen nicht wirklich zusammen, so wird es ein deutliches Zeichen dafür geben, und/oder Ihr Gefühl sagt, wie lange diese voraussichtlich zusammenbleiben werden. Wollen Sie Ihre eigene Partnerschaft überprüfen, so nennen Sie zuerst Ihren eigenen Vornamen und dann den Ihres Partners, und sagen Sie 28x ZUSAMMEN. Wenn ganzheitliches Glück auf Dauer nicht möglich ist, werden Sie dies ohne Wertung erkennen und so loslassen können. Sie haben immer die Wahl: Sie können weiter unter Kompromissen zusammenbleiben oder sich selbst die ganze Liebe zutrauen und darauf vertrauen, dass das Leben immer das Höchste und das Beste für Sie will. ZUSAMMEN ist der Generalschlüssel, der das Beste auf die Art und Weise zusammenfügt, dass wahre Erfüllung erlebt werden kann.

VOR

Sprechen Sie 11x hintereinander das Wort »vor«.

vor	vor	vor	vor
vor	vor	vor	vor
vor	vor	vor	

Haben Sie den Zugang zu sich selbst verloren? Sind Sie befangen, weil Sie sich fragen, was wohl diese oder jene Person im Moment von Ihnen denkt? Stresst es Sie, dass Sie Ihre Gedanken nicht mehr auf sich konzentrieren können? Dann benutzen Sie das Zauberwort VOR wie folgt: Sagen Sie zuerst Ihren **Vornamen und dann 11x VOR**. Dies bewirkt, dass Ihr eigenes Wesen wieder zum Vorschein kommt und dass Sie selbst wieder als individuelles Geschöpf mit *eigenen* Wünschen und Vorstellungen erkannt werden. Jedes Mal, wenn Ihre Gedanken wieder abschweifen und Sie wieder weit von sich entfernt sind, wiederholen Sie das Prozedere. Stellen Sie sich VOR! Ihr eigenes Wesen hat oberste Priorität! Stellen Sie sich also nicht weiter in den Schatten Ihrer Mitwelt. Als Schattenwesen können Sie nicht mit Glück und Erfüllung rechnen!

Fühlen Sie sich dauernd zurückgesetzt, und haben Sie das Gefühl, Ihre Bedürfnisse kommen immer an letzter Stelle? Dann wäre VOR ein idealer Schalter, um diesen Zustand zu ändern.

Sind Sie mit Ihren Vorhaben ins Hintertreffen geraten, und wollen Sie wieder an erster Stelle sein? Auch dann hilft Ihnen VOR. Genauso wenn Sie sich verspätet haben und die verlorene Zeit wieder aufholen wollen – sagen Sie einfach VOR. Sind Sie im Rückstand und wollen die verlorene Zeit aufholen (z. B. mit der Arbeit, mit einem bestimmten Projekt, beim Marathon-Lauf oder in einem sonstigen Wettrennen/Wettbewerb), dann sagen Sie VOR. Stehen Sie in einer Schlange, und es geht nicht voran, so setzen Sie VOR ein. Ist Ihre Mannschaft am Verlieren, und wollen Sie nun zusätzliche Kräfte mobilisieren, um wieder führend zu sein? Mit ZUSAMMEN und VOR geht es schneller vorwärts – und zwar immer in einem gesunden und ausgeglichenen Sinn.

Ein Beispiel: Ein Mann wollte seine Frau mit einem ganz speziellen Konzertbesuch überraschen. Doch die Vorstellung war sehr beliebt, und er hatte vergessen, rechtzeitig Karten zu bestellen. Trotzdem ging er mit seiner inneren Zuversicht und der Haltung »zwei beste Karten für Vorführung XY GREIFEN« an die Theaterkasse. Dort waren bereits zwei Schlangen mit Menschen, die für Karten anstanden. Seine innere Stimme riet ihm, in der rechten Schlange zu bleiben, obwohl diese gar nicht vorwärts zu gehen schien. Sein Verstand riet ihm daher: »Vielleicht solltest du dich in der anderen Schlange anstellen, die geht schneller voran«, doch sein Gefühl sagte deutlich: »Bleibe, wo du bist, und sage VOR.« Der Mann gab dem Zweifel des Verstandes nicht nach und vertraute seiner

Lösung. Plötzlich kam ein Mann aus dem Theater und steuerte direkt auf ihn zu mit den Worten: »Ich habe noch zwei Karten übrig, wenn Sie wollen, können Sie sie haben.« Der Mann und seine Frau freuten sich, denn es waren zwei der besten Plätze. Sie freuten sich über ihren Sieg, im Vertrauen geblieben zu sein, und der Genuss des Konzertes war dadurch noch um ein Vielfaches größer.

ZURÜCK

Sprechen Sie 10x hintereinander das Wort »zurück«.

zurück	zurück	zurück	zurück	zurück
zurück	zurück	zurück	zurück	zurück

Haben Sie einen wichtigen Moment verpasst, und wollen Sie nochmals die Gelegenheit zur erneuten Tat haben? So sagen Sie einfach: »Situation XY zurück ...«

Eine kleine Geschichte: Meine Freundin fuhr mit einer Bekannten ins benachbarte Ausland zum Weihnachtsshopping. Sie tätigten viele Einkäufe, fuhren mit dem Zug wieder nach Hause und wollten während der Zugfahrt die Ausfuhrbescheinigungen abstempeln lassen, so dass sie die Mehrwertsteuer wieder zurückfordern konnten. Sie unterhielten sich lebhaft, und kurz vor der Grenze stellten sie erschrocken fest, dass sie den Zollbeamten verpasst hatten. Meine Freundin aber beruhigte ihre Bekannten, dass das kein Problem sei, da er noch einmal zurückkommen würde, und sagte: »Zollbeamter zurück!« Die Bekannte war zwar anfangs skeptisch, aber sie staunte nicht schlecht, als plötzlich der Zollbeamte angerannt kam. Meine Freundin stoppte ihn sofort, um sich ihre Papiere abstempeln zu lassen. Der Zöllner sagte: »Sie haben aber Glück, normalerweise komme ich nie zurück, aber heute hatte ich das Gefühl, als hätte ich etwas vorne im Zug vergessen!« Sprach's und stempelte die Papiere aller Anwesenden ab, da es noch andere Passagiere gab, die über die Rückkehr des Zöllners erfreut waren, weil sie dessen Durchgang ebenfalls verpasst hatten. So diente dieses kleine Wunder allen und verbreitete noch ein wunderbares Gefühl der Freude.

Sie können die Zeit nicht zurückdrehen, doch können Sie verpasste Gelegenheiten ZURÜCKholen. Doch geben Sie sich selbst immer die Chance, aufmerksam im Hier und Jetzt zu sein, so dass Sie VOR und ZURÜCK weniger einsetzen müssen.

REGELN

Alle Abläufe im Universum sind durch die kosmische Ordnung bestimmt. Das Gesetz des Lebens wirkt sich aus. Muss etwas in Ordnung gebracht werden? Sind die Dinge aus den Fugen geraten? Herrscht ein Missverhältnis, oder plagen Sie unerledigte Angelegenheiten?

REGELN bringt Ihre Welt wieder in Ordnung. REGELN bringt das kosmische Gesetz des Ausgleichs zur Wirkung!

Es gibt eine natürliche Ordnung im universellen Miteinander. Durch falsches Verhalten oder durch einseitige Belastungen gerät die Welt aus ihren Fugen. Doch mit dem Schaltwort REGELN lassen sich gestörte Abläufe wieder in Ordnung bringen. Ist beispielsweise die Funktion eines Organs oder gar des ganzen Körpers gestört, so kann diese mit REGELN wieder in den Idealzustand zurückgebracht werden. Dieser Prozess erfordert sicherlich seine Zeit – darum bleiben Sie dran! Haben Sie den natürlichen Lebensraum eines Mitmenschen verletzt, und sind

Sie nun gezwungen, sich zu entschuldigen? Wissen Sie nicht, wie Sie eine verkorkste Situation wieder in Ordnung bringen können? Fühlen Sie sich genötigt und von einer bestimmten Institution unter Druck gesetzt?

Sagen Sie einfach:

»Geldangelegenheit REGELN« –

»Blutdruck REGELN« –

»Herzfunktionen REGELN« –

»Blasenfunktion REGELN« –

»Beziehung zwischen Adam und Eva REGELN« –

»Angelegenheit XY REGELN« –

»Erbschaft REGELN« –

»Auftragsbedingungen REGELN« –

»Leben REGELN« –

»Familiensache REGELN« usw.

LOBEN

loben	loben	loben	loben	**
loben	loben	loben	loben	**
loben	loben	loben	loben	

Fehler zu machen heißt im eigentlichen Sinn, sich selbst zu bestrafen, weil man sich geistig nicht mehr wirklich, also wesentlich konzentrieren kann. Ein Fehler ist sozusagen das Fehlen wesentlicher Teile im Ganzen. Konzentrieren wir uns auf das Fehlen, werden wir nur noch Fehler sehen. Die Angst vor dem eigenen Fehlverhalten lähmt und raubt die Freude am Tun.

Haben Sie dauernd Angst, Fehler zu machen, oder bereuen Sie, in der Vergangenheit in einer bestimmten Art und Weise gehandelt zu haben? Sind Sie dauernd darauf bedacht zu kontrollieren, ob Ihr Partner, Ihr Kind ja nichts mehr falsch macht? Trauen Sie einem Menschen eher zu, dass er sowieso viele Fehler macht? Behaften Sie einen Menschen mit einem vermeintlichen Fehlverhalten, so bestrafen Sie sich selbst, weil Sie nur noch in der Angst leben, unter einem eventuellen Fehler eines anderen leiden zu müssen. Haben Sie es gerne, wenn man Sie dauernd auf einen vergangenen Fehler reduziert? Wer dies tut, gibt sich und dem Mitmenschen keine Chance zur ganzheitlichen Erfüllung. Die gedankliche Fixierung auf Fehler lässt uns selbst die größten Fehler machen.

Anstatt zu bereuen, ist es wichtig zu erkennen, welche Haltung uns in welche Situation gebracht hat. Es zeugt von erlangter Weisheit, wenn Sie heute erkennen und zugeben können, wie beschränkt Ihre Haltung früher war. Es müsste Sie unsäglich glücklich machen, weil Sie ab jetzt mehr von Ihrer wirklichen Größe zur Geltung kommen lassen. Nichts lässt sich jemals rückgängig machen, doch kann man jetzt alles ändern und durch die erlebte Erfahrung weisere und bessere Taten vollbringen. Aus Fehlern lernt man nur, wenn man diese nicht als Fehler gespeichert behält, sondern als ganzheitliche Erfahrung. Die Erkenntnis, warum was zu welchem Resultat geführt hat, macht uns reich und frei. Wir wissen nun, wie es ist! Wer dauernd Angst hat, einen Fehler zu machen, ist völlig in der Wertung seiner Umwelt gefangen und ist ständig bestrebt, den anderen zu gefallen, weil man von deren Entscheidungen und Lob abhängig ist. Wer Angst hat, einen Fehler zu machen, wird immer Fehler machen, weil seine Befürchtung auf jeden Fall eintreten wird.

»Weil du einen Fehler machst, muss ich leiden!« Diese Haltung zeigt die Gefangenschaft durch das Ego. Die Frage »Ist alles korrekt? Habe ich alles beachtet?« bringt das Unterbewusstsein dazu, zu zeigen, wo etwas nicht ganz ist. LOBEN Sie Ihr Kind, und aktivieren Sie somit seine Stärke, dann werden Sie sich selbst am meisten freuen können. Denn wer die Größe im anderen erkennt, ist selbst auf dem Weg zu einem größeren Sein.

»Gelobt ist die Gesundheit meines/deines Körpers!«

»Gelobt ist die Schönheit meines Körpers, dessen Anblick und dessen Funktion mir jeden Tag Freude bereitet und der mein Sein in dieser Welt möglich macht!«

»Gelobt ist meine Mitwelt!«

»Gelobt ist mein Tageswerk!«

»Gelobt ist die Reinigungskraft und die Wirkung dieses Wassers!«

»Gelobt ist mein meisterliches Sein!«

»Gelobt ist das Wunder des Lebens!«

»Gelobt ist das Tun von XY!«

»Gelobt ist mein Können!«

»Gelobt sind das Wachstum und die Wirkung der Natur!«

»Gelobt ist das Unternehmen von ...!«

LOBEN bringt den Segen in die Tat! LOBEN aktiviert den Mut, einfach ALLES zu wagen!

BEWUNDERN

bewundern	bewundern	bewundern	**
bewundern	bewundern	bewundern	**
bewundern	bewundern	bewundern	**
bewundern	bewundern		

»Oh wie ist das herrlich!« »Ich bewundere dich, weil du in meinen Augen etwas verkörperst, was ich mir selbst nicht zutraue!« – Was Sie in einem anderen sehen, schätzen und achten, das wird Ihnen eines Tages selbst Bewunderung einbringen. Doch um etwas bewundern zu können, muss man es zunächst entspannt betrachten! Jegliche Anspannung ist ein Zeichen von Angst und Kontrolle, die eine objektive Sicht verhindern. Bewundern ist das Zauberwort, das das übermächtige Ego zurückschraubt, so dass das wahre Sehen und die Liebe wirksam werden können.

»Was bewundere ich an XY?« Diese Frage wird Ihnen das Wesen offenbaren, das jede Bewunderung verdient. Das Ego sucht nur die eigene Bestätigung und fordert und erwartet Bewunderung von seiner Mitwelt. Bekommt es die Bewunderung nicht, so sinnt es nach Rache und Vergeltung und wartet nur darauf, einem anderen Menschen die Bewunderung zu verwehren. Dies wird zu einem mühsamen Kampf, der von der eigenen Mitte ablenkt und in Beziehungen zu unnötigen Konflikten führt. Man kann nicht mit, aber auch nicht ohne den anderen leben. »Wenn du mich lieben würdest, würdest du dies oder jenes für mich tun!« Dies ist ein klassischer Ausspruch für ein Ego, das die Bestätigung im Außen sucht und der Meinung ist, dass es selbst alles richtig macht, während die anderen für die Fehler zuständig sind. Das Ego glaubt, dass es gewonnen hat, wenn es es geschafft hat, die anderen von seiner Meinung zu überzeugen. – Das Ego lebt von der Angst, die Liebe vom Vertrauen. Mit einer egoistischen Haltung wird man immer auf Widerstand stoßen.

Um Vorurteile zu löschen, sagen Sie z. B. »Namen BEWUNDERN«. Um Kritik und Feindschaft zu meistern, sagen Sie in den Momenten, in denen sich diese negative Haltung zeigt, BEWUNDERN ... Mit BEWUNDERN aktivieren Sie Ihre Seh-Fähigkeit für bewundernswerte Dinge. Man wird Sie bewundern für Ihre Fähigkeit, die wahren und wirklichen Werte zu registrieren. Es ist bewundernswert, wie Sie an die Dinge und an die Menschen herantreten werden. BEWUNDERN wird Ihr bewundernswertes Wesen deutlich in Erscheinung bringen! Fällt es Ihnen schwer, an einer bestimmten Person etwas Gutes zu sehen, so befreien Sie sich von Ihrer inneren Abneigung, indem Sie den Namen dieser Person sagen und BEWUNDERN! Jeder ist ein Wunder des Lebens, doch nicht jeder ist bereit, das Wunder zu erkennen.

MERKEN

Sprechen Sie 7x hintereinander das Wort »merken«.

merken   merken   merken   merken
merken   merken   merken

Finden Sie das eine oder andere in Ihrem Leben be-merkens*wert?* Glauben Sie, dass es sich lohnen könnte, Bemerkenswertes zu er*innern?* Wollen Sie zu den be-merkenswerten Zeitgenossen gehören? Ja, es gibt so viele Menschen, Lebewesen, Dinge und Taten, die bemerkens-wert sind, doch leider oft gar nicht zur Kenntnis genom-men werden. Ist jemand in Ihren Augen »merkwürdig«, oder kommt Ihnen ein Geschehen »merkwürdig« vor, so richten Sie Ihre Aufmerksamkeit bewusst auf diese Dinge, denn sie wollen Ihnen Wundersames offenbaren. Haben Sie eine wunderbare Tat bemerkt, so speichern Sie diese mit MERKEN.

Doch »Das MERKE ich mir!« wird leider allzu oft für negative Dinge eingesetzt. Eine solche Äußerung ist die Drohung des Egos. Oder aber man sagt: »Er merkt gar nichts!« Warum ist dies so? Ist es, weil Sie selbst so we-nig MERKEN? Das Ego merkt sich die Mängel; die Liebe merkt sich das Ganze. Wollen Sie, dass man Sie im be-sten Sinn und Wirken bemerkt, so beginnen Sie heute damit, sich die positiven und aufbauenden Taten anderer zu MERKEN. Ihr eigenes Wachsen wird bemerkenswert, und man merkt sich Ihre persönliche und eigenartige

Präsenz! »Sie sind mir aufgefallen, und ich habe mir gemerkt, was Sie gesagt haben!« MERKEN Sie noch, um was es in Ihrem Leben geht? MERKEN erhöht Ihre Aufmerksamkeit auf bemerkenswerte Details, die Ihnen wichtige Erkenntnisse bringen. Sagen Sie: »Jetzt merke ich wirklich, worum es im Wesentlichen geht!« Mit MERKEN treffen Sie eine Wahl, und Sie MERKEN, was wirklich wichtig und befreiend ist.

Sind Sie durch unnötige Informationen verwirrt, so dass Sie nicht mehr wirklich MERKEN, worum es im eigentlichen Sinn geht? Lesen Sie einen Vertrag, und wollen Sie darin erkennen, was wirklich wichtig und wesentlich ist? Mit MERKEN sehen Sie das Wichtige und Wesentliche! Werden Sie gelobt, oder erleben Sie gerade etwas Wundervolles, so können Sie dies in Ihrer inneren Wahrnehmung mit MERKEN ewig verankern! Finden Sie, dass Ihre Anwesenheit merkwürdig ist, so sagen Sie Ihren Vornamen und 7x MERKEN! Glauben Sie mir, man wird sich Ihr Sein MERKEN.

UNGÜLTIG

Sprechen Sie 20x hintereinander das Wort »ungültig«.

ungültig	ungültig	ungültig	ungültig	**
ungültig	ungültig	ungültig	ungültig	**
ungültig	ungültig	ungültig	ungültig	**
ungültig	ungültig	ungültig	ungültig	**
ungültig	ungültig	ungültig	ungültig	

Unnötige Gedanken sorgen für Umwege und Verwirrung. Ein Gedanke – einmal gedacht – nimmt seinen verhängnisvollen Lauf. Denn jeder Gedanke sucht seine Verwirklichung und nährt sich durch dauernde Wiederholungen. Gedanken können plagen und quälen, und man leidet unter negativen Gedanken, deren zerstörerische Kraft kaum noch abgestellt werden kann. Sie rauben einem den Schlaf und verhindern eine aufbauende Wahrnehmung. Negative Gedanken fressen Energien, die man eigentlich zur Lebensgestaltung braucht. Es lässt einem keine Ruhe, denn ein negativer Gedanke ist wie eine unkontrollierte Fremdbesetzung, die sich nun in der Realität manifestieren will. Haben Sie schon einmal versucht, NICHT an etwas oder an jemanden zu denken? Haben Sie unter einer nicht enden wollenden gedanklichen Vorstellung förmlich gelitten?

Wollen Sie einen unliebsamen Gedanken wieder zurücknehmen, so verwenden Sie das Zauberwort UNGÜL-

TIG – es unterbricht Prozesse und erlaubt den Ausstieg aus falsch begonnenen Situationen. Würden Sie manchmal gewisse Äußerungen und Geschehnisse gern rückgängig machen, so können Sie diese ebenfalls mit UNGÜLTIG mildern. Leiden Sie unter negativen Gedankenvorstellungen, die Ihnen in der Kindheit eingetrichtert wurden? Sobald ein negativer, gedanklicher Prozess beginnt, beenden Sie diesen mit UNGÜLTIG!

WINZIG

Sprechen Sie 5x hintereinander das Wort »winzig«.

winzig   winzig   winzig   winzig   winzig

WINZIG fördert die innere Höflichkeit und erinnert uns an die Größe des eigenen Selbstes; gleichzeitig aktiviert es auch die wesentliche Erkenntnis über die Größe des Gegenübers.

Spüren Sie Ihre eigentliche Größe nicht mehr? Fühlen Sie sich klein und unbedeutend? Haben Sie ständig das Gefühl, andere würden mitleidig auf Sie herabschauen und Sie hätten eigentlich nichts zu sagen oder gar anzubieten? Haben Sie sich selbst entmachtet, indem Sie dauernd gedacht haben: »Ich bin nichts; und ich kann nichts«? Oder wurde Ihnen solches in Ihrer Vergangenheit eingeredet? WINZIG aktiviert Ihre eigentliche, persönliche Größe und lässt die eigene Großartigkeit wieder zu.

Neigen Sie vielleicht aber auch selbst dazu, auf andere herabzusehen und diese zu bemitleiden, weil Sie nur deren Schwächen wahrnehmen? Schafft es tatsächlich noch jemand, Sie zu ärgern, oder werden Sie in der Gegenwart bestimmter Menschen wütend und reagieren sauer, weil bestimmte Äußerungen und Haltungen Sie verletzen? Sagen Sie WINZIG, und Sie werden staunen – vielleicht wird Ihr ärgster Widersacher plötzlich zu Ihrem größten Fan! Mit WINZIG gewinnen Sie Fans und begeistern Menschen, weil Sie damit die innere Großartigkeit zum Vorschein bringen.

Jeder hat seine eigene Großartigkeit als höchstes Ziel. Wer die Größe im anderen anerkennt, steigt selbst zum Höchsten auf! Göttlich ist, wer andere als göttliche Schöpfung erkennt. Jedes Wesen, jeder Mensch, jedes Tier und jedes Sein ist es wert, in seiner Größe erkannt zu werden. Wer großzügig denkt, ist fähig, Großes zu bewirken!

ERREICHEN

Sprechen Sie 9x hintereinander das Wort »erreichen«.

erreichen	erreichen	erreichen	**
erreichen	erreichen	erreichen	**
erreichen	erreichen	erreichen	

Kurz vor dem Ziel sind die Schwierigkeiten am größten – so glaubt man. Haben auch Sie Angst, dass Sie Ihr Ziel nicht erreichen und dass Ihre Kräfte Ihnen den Dienst versagen? Werden Sie von der Vorstellung geplagt, dass das Beste Ihrer Bestrebungen verhindert werden könnte? Haben Sie Bedenken, dass Sie sich selbst in Ihrem Vorhaben untreu werden? Viele Menschen leiden unter der Angst zu versagen und zweifeln daran, dass sie das, was sie sich vorgenommen haben, nicht wirklich umsetzen können oder nicht wirklich erreichen. Menschen inkarnieren in den meisten Fällen nur daher, weil sie ihre Lebensprojekte im Vorleben nicht geschafft haben. »Hoffentlich erlebe ich ›es‹ noch!«

ERREICHEN lässt Sie alles schaffen, was in Ihrem Lebensplan vorgesehen ist. Mit ERREICHEN können Sie verborgene Kräfte mobilisieren – und mit Garantie werden Sie erreichen, was Sie sich vorgenommen haben. Mit »Lebensziel ERREICHEN« werden Sie vom Schicksal geführt und geleitet. Das Ziel ist klar, die Wege sind dagegen oft unergründlich. Wir werden geführt, wenn wir es denn wollen und sprechen vom glücklichen Zufall, wenn uns Dinge widerfahren, die uns erfüllen und glücklich machen. »Lebenspartnerschaft ERREICHEN« aktiviert die Zusammenführung mit Ihrer Lebensliebe. Stehen Sie sich allerdings selbst dabei im Wege, weil Sie sich selbst nicht lieben können, wird es eine Weile dauern, bis Sie die große Liebe ERREICHEN. Mit »Liebesfähigkeit ERREICHEN« könnten Sie die Fähigkeit zur Eigenliebe und Selbstliebe aktivieren. Wollen Sie beispielsweise den Hauptgewinn im Lotto erzielen, so könnten Sie es mit »Lottohauptgewinn ERREICHEN« versuchen. Aber Achtung, das Leben wird Ihnen kein Geld schenken, wenn Sie die Absicht haben, Ihre Pflichten zu vernachlässigen oder Ihren Schwächen auszuweichen. Je mehr Sie aber Ihre inneren Werte pflegen, desto eher werden auch äußere hinzukommen … »Position eines … ERREICHEN« erhebt Sie in ein Amt, das Ihnen schon lange vorschwebt.

Nun entscheiden Sie, was Sie für sich ERREICHEN wollen!

SEIN

Sprechen Sie 7x hintereinander das Wort »sein«.

sein   sein   sein   sein   sein   sein   sein

Ist Ihnen in bestimmten Situationen unwohl, und haben Sie nur noch einen Gedanken: »Bloß weg von hier!«? Halten Sie es nicht mehr aus, mit bestimmten Menschen in einem Raum zu sein? Engt Ihre Umwelt Ihren Lebensraum zu stark ein, so dass für Sie persönlich kein Platz mehr bleibt? Suchen Sie dauernd nach Ausflüchten? Flüchten Sie vor Ihrer Wirklichkeit? SEIN bringt Sie dazu, mit Ihrer eigenen Kraft anwesend zu sein. Kommt Ihr Wesen nicht mehr zum Tragen, und gehen Sie klaglos unter? SEIN hilft Ihnen, das Wesentliche Ihrer Persönlichkeit erfolgreich herauszustellen und jeden Raum mit Ihrer Präsenz aufzuladen. SEIN bringt Sie auch dann zur Wirkung, wenn Sie nichts sagen! Bleiben Sie, laufen Sie nicht weg! SEIN stärkt die wesentliche Präsenz im Jetzt und in der Gegenwart! Erkennen Sie Ihr »so SEIN«!

SEIN und nicht werden wird Sie voran bringen. Gebrauchen Sie noch sehr oft die Redewendung »Ich werde …«, so leben Sie in der Zukunft, die nie zur Gegenwart wird. Vielleicht sagen Sie auch: »Ich wollte nie das werden, was ich jetzt bin.« Wer etwas nicht werden will, der hat sich mit dem »so sein« innerlich bereits *aus*führlich befasst, und so wird aus ihm, was er befürchtet hat. »Aus dir wird nie etwas werden!« Wer keine klare, bewusste Vorstellung vom SEIN hat, kann nie das erreichen, was er sich erträumen würde. »Ich will ... SEIN!« ist eine bewusste Formulierung, die Ihnen hilft, dass Ihre Vorstellung tatsächliche Realität wird. »Eines Tages bin ich ...« führt zwar auch dazu, doch wenn »es« Ihnen jetzt einfällt, so streben Sie die Verwirklichung jetzt an, und verschieben Sie Ihr Glück nicht auf später.

Seien Sie mit SEIN all-gegenwärtig!

AB

Sprechen Sie 2x hintereinander das Wort »ab«.

ab   ab

Mit AB können Sie etwas abstellen und abbrechen, um nicht weiter auf *Ab*wegen zu sein.

Wollen Sie jemanden oder etwas AB haben? Wollen Sie sich von einem »alten Zopf« befreien? AB schneidet sozusagen alte Ver*bindung*en durch, um endlich frei zu sein für neue Beziehungen. Bekommen Sie immer alles AB? Ist jemand völlig fixiert auf Sie, weil dieser Sie nicht AB kann? Hier wirken sich alte Verknüpfungen und Fixierungen hinderlich aus, so dass die gegenwärtigen Begegnungen nicht wirklich greifen können. Wollen Sie also etwas Bestimmtes loswerden bzw. los sein, so können Sie dies mit AB auslösen. – AB ist das Zauberwort, das wie eine geistige Schere wirkt! AB und ZU – so kommen Sie auf neue Wege!

WEG / weg

Sprechen Sie 16x hintereinander das Wort »weg«.

weg	weg	weg	weg	**
weg	weg	weg	weg	**
weg	weg	weg	weg	**
weg	weg	weg	weg	

Versperrt man Ihnen den Weg, physisch, seelisch oder gar geistig, dann hilft das kleine Wort WEG. Belastet Sie ein Zustand oder ein Umstand, und Sie wollen davon befreit sein, um sich besser zu fühlen? WEG bewirkt die Wegweisung oder bestärkt die Weg-Weisung. Wollen Sie etwas Bestimmtes endgültig aus dem Weg räumen, so bewirkt WEG wahre Wunder. Sagen Sie beispielsweise:

»Hühneraugen WEG«

»Warze WEG«

»Hautunreinheiten WEG«

»Falten WEG«

»Mangel im Denken WEG«

»Ärger WEG« usw.

Was allerdings nicht zu schaffen ist, ist, dass Sie bestimmte, unangenehme Menschen aus Ihrem Leben WEG bekommen, denn die Menschen, die es noch schaffen, Sie zu ärgern, sind eigentlich Ihre besten Freunde, weil sie Ihnen zeigen, an welcher Stelle noch mehr von Ihrer Wesens-Größe erforderlich ist. »Liebe deine Feinde« ist eigentlich nichts anderes als »liebe und begreife dich selbst als allmächtiges Wesen«!

WEG macht den Weg frei und erlaubt einen ungehinderten Zugang zu allem!

LÖSEN

Sprechen Sie 4x hintereinander das Wort »lösen«.

lösen   lösen   lösen   lösen

»Zuerst kam er mächtig ins Grübeln und anschließend fand er die Lösung.« – Manchmal sind die Dinge so ineinander verknotet und verknüpft, dass man Mühe hat, vom Ende zum Anfang zu gelangen. Stellen Sie sich vor, Sie haben mit einem Seil einen Knoten gemacht, den Sie nun lösen wollen. Sie beginnen mit dem Ende, dem nahe liegendsten Teil, und verfolgen den Weg zurück. Genauso verhält es sich auch im übertragenen Sinne im Leben: Die Lösung beginnt im Jetzt und führt zum Anfang aller Dinge. Mit LÖSEN zeigen Sie Ihren Willen zur wahren Lösung.

LÖSEN aktiviert die Lösung und weicht Verhärtungen auf. Wer um die Lösung bittet, dem wird die ganzheitliche Erkenntnis zukommen, denn die Lösung beinhaltet immer das Verstehen und Begreifen im allumfassenden Sinn. Fragen Sie also nicht weiter nach der Ursache für einen Zustand, denn dies würde Sie nur auf einen Um-Weg führen, und Sie wüssten am Ende nicht mehr als jetzt. Wer nach der Ursache forscht, sucht oft nach Schuld. Wer aber nach der Lösung strebt, erkennt **wertfrei** Ursache und Wirkung. Das Leben urteilt nicht, sondern wirkt sich in unserem Sinn aus – solange bis wir einen

Sinneswandel vollziehen. Sind Sie bereit für die Lösung, dann kann es jetzt *los*gehen.

Bei unliebsamen Verbindungen, bei denen die Fronten verhärtet sind, setzt man »Verbindung und Situation mit XY LÖSEN« ein. Manchmal übersehen wir Kleinigkeiten, weil wir diese niemals als wichtig erachtet haben. Aus einem kleinen Ärger wird irgendwann ein großer Ärger, der wesentlich schwerer zu überwinden ist. Nehmen Sie ab jetzt auch Kleinigkeiten wichtig, doch nehmen Sie diese nicht ernst. Alles verändert sich, alles löst sich irgendwann – und wann dieses Irgendwann ist, bestimmen alleine Sie! Sagen Sie einfach:

»Problem LÖSEN«

»Schuld LÖSEN«

»Geldproblem LÖSEN«

»Arbeitslosigkeit LÖSEN« usw.

LÖSEN befreit vom Gefangensein und ermöglicht ein leichtes Los/Schicksal. Wir sind hier, um uns von alten Schatten und Schulden zu LÖSEN. Gönnen Sie sich JETZT die Lösung!

Leiden Sie unter Verspannungen? Verhindern kompliziertes Denken und unnötiges Studieren eine entspannte Betrachtung? Können Sie selbst gute Momente kaum genießen, weil Sie unter undefinierbaren Befürchtungen leiden? Sind Sie eigentlich dauernd angespannt? Fühlen Sie sich angespannt, und fehlt Ihnen der Raum zur freien Entfaltung? Ist Ihr Bewegungsspielraum sehr stark eingeschränkt? Fehlt Ihnen im wahrsten Sinn des Wortes die Luft zum Atmen? Seufzen Sie, und verwenden Sie gleichzeitig OH und die Entspannung setzt sofort ein.

OH ist das Zauberwort, das sofort Entspannung und Erleichterung bringt. Allein durch das Aussprechen des Wortes atmet man automatisch aus, wodurch sofort Platz geschaffen wird. Ausatmen schließlich macht frei für die nötige Neuausrichtung. OH hilft Beklemmungen zu beheben. Sehr viele Menschen leiden unter Verspannungen, weil sie immer nur auf- und annehmen und nichts mehr abgeben. Der Austausch von Geben und Nehmen ist demnach gestört, was letztendlich zu Blockaden führt. Doch denken Sie daran: Wer gibt, kann auch wieder nehmen.

OH bedeutet: Ich sehe mich und dich in gleicher Weise. Es führt dazu, dass man sich der Gemeinsamkeit bewusst wird.

BLUFF

BLUFF löst Angst auf und hilft dabei, aus bedrohlichen Situationen heil herauszukommen.

Machen Sie sich eines klar: Angst nährt sich von der Zeit und von gedanklichen Vorstellungen, die mit der Gegenwart nichts zu tun haben, denn in der Gegenwart ist alles gut. Angst hat man nur vor etwas, das bereits geschehen ist oder – in den meisten Fällen – das erst noch kommen wird. Leben Sie also einfach in der Gegenwart, und verwenden Sie BLUFF, um unnötige Ängste aufzulösen. Angst kommt von Nicht-Wissen, und sie ist nicht mit dem Gefühl von erhöhter Aufmerksamkeit zu verwechseln, das uns vor Gefahren warnt. Angst lähmt in jeder Hinsicht. Angst setzt sich im Hirn fest. Angst hat meist mit der gegenwärtigen Realität wenig zu tun. Angst kann sich bereits durch Filme und Geschichten (Fernsehen, Zeitungsberichte usw.) im Inneren breit machen, indem man geistig in solche Geschichten eintaucht und sich das Geschehen praktisch und persönlich vorstellt! Reinigen Sie Ihre Gedankenwelt mit BLUFF, ansonsten werden unbewusste Ängste irgendwann Realität. Leiden Sie also unter Ängsten und Zwangsvorstellungen, so arbeiten Sie ab jetzt mit BLUFF. Immer wenn sich eine Angst bemerkbar macht, drücken Sie auf den Schalter.

Beispiel: Eine Bekannte war – ihr Fahrrad schiebend – in der Stadt auf dem Heimweg. Plötzlich rannte ein Mann auf sie zu, riss ihre Handtasche vom

Gepäckträger und rannte mit dem Diebesgut davon. Die Frau ließ ihr Fahrrad fallen, rannte dem Dieb hinterher und forderte zwei weitere Männer dazu auf, ihr zu helfen. Plötzlich blieb der Dieb stehen und hatte eine Pistole in der Hand. Sie aber dachte: »Er blufft nur«, und hatte keine Angst. Schlussendlich ließen sie den Dieb laufen, weil einer der Helfer zum Rückzug aufforderte. Meine Bekannte erstattete dann bei der Polizei Anzeige, und erst als der Polizist zu ihr sagte, dass die Pistole auch hätte echt sein können, bekam sie es mit der Angst zu tun – vorher nicht. Der Dieb wurde schlussendlich gefasst und vor Gericht gestellt.

BLUFF aktiviert die Befreiung von unbegründeten Lebensängsten!

VERTRAUEN

Sprechen Sie 5x hintereinander das Wort »vertrauen«.

vertrauen   vertrauen   vertrauen   vertrauen
vertrauen

Fehlt das Vertrauen, fehlt die Liebe!

Viele Menschen und Lebewesen sind geplagt durch Misstrauen, weil alte Erfahrungen noch wirksam sind und lähmen. VERTRAUEN ist das Zauberwort, das neue Erfahrungen zulässt, die weiterbringen und neue Freude zulassen. Unzählige Menschen können selbst Menschen nicht vertrauen, die sie lieben. VERTRAUEN aktiviert wieder das Bewusstsein der Eigenliebe und erlaubt es, wieder voller Zuversicht und glücklich zu sein. VERTRAUEN Sie darauf, dass das Leben nur das Beste für Sie will? Mit VERTRAUEN erkennen Sie die liebevolle Vorsehung, die hinter und in allem wirkt. Sagen Sie: »Ich will wieder voll und ganz VERTRAUEN!« Dieses Bestreben befreit von unnötigen Zwängen und Selbstzweifeln.

Eifersucht ist ein quälendes Übel, das wirkliche und wahre Liebe verhindert. So viele Menschen leiden unter ihrer Eifersucht und sind geplagt von Minderwertigkeitsgefühlen. Man kann sich gar nicht so recht vorstellen, dass man wirklich liebenswert ist. So unterstellt man dem Partner, dass dieser sicherlich die Absicht zum Betrug hat – wenn nicht heute, so bestimmt zu einem späteren Zeitpunkt.

Wurde das Vertrauen zerstört, oder ist man im eigenen Vertrauen erschüttert, so hilft das Zauberwort VERTRAUEN! Vertrauen Sie auf sich selbst, und Sie sind fähig, allem und jedem Ihr Vertrauen zu schenken sowie andere im Selbstvertrauen anzuregen. »Mir fehlt das Vertrauen!« Diese Haltung kann nun Vergangenheit sein.

Wollen Sie das VERTRAUEN eines bestimmten Menschen oder eines bestimmten Lebewesens gewinnen, so ist das Codewort VERTRAUEN das richtige.

FÖRDERN

Sprechen Sie 3x hintereinander das Wort »fördern«.

fördern   fördern   fördern

FÖRDERN fördert verborgene und vergessene Talente zu Tage und bringt diese in die gegenwärtige Wirklichkeit. »Ich fördere dich, weil ich an dich glaube und deinen Wert erkenne!« – FÖRDERN hat also auch mit »fordern« zu tun. Es bedeutet, dass man sein verborgenes Potenzial spürt, und nun fordert man sich selbst heraus.

Das Leben stellt uns oft vor Herausforderungen oder begegnet uns mit Anforderungen, denen wir nicht gewachsen zu sein glauben. Doch jede An- und Herausforderung ist immer ein Geschenk und birgt in sich die Chance, die persönlich vorhandene Genialität zum Ausdruck zu bringen. Das Leben ist eine einzige Herausforderung, die dazu da ist, unsere wahre Größe wieder zu erkennen und zu leben. Höchstes Sein fordert größtes Tun!

Glauben Sie, dass Sie eigentlich zu wesentlich mehr fähig sind? Haben Sie aber immer wieder das Gefühl, Sie wären nie oder nicht wirklich gefördert worden? Leider sind viele Eltern und auch Lehrer nicht wirklich fähig, ihre Kinder tatsächlich zu fördern, weil sie es selbst auch nicht erlebt haben. Wie kann jemand einen anderen Menschen fördern, der sich selbst nichts zutraut? – Nun, FÖRDERN aktiviert die vorhandenen Fähigkeiten, mit denen man sozusagen in dieses Leben gekommen ist. Seien Sie Ihr eigener Förderer, indem Sie vom Leben alles fordern. Wer fordert, der wird beliefert, weil er sich alles gönnt.

Menschen aber, die bei der kleinsten Anforderung verzweifeln, haben nie gelernt, an sich zu glauben. Sie reduzieren ihre Kraft, indem sie glauben, nichts zu können. Sie geben auf, bevor sie beginnen. »Ich bin nichts, ich kann nichts und aus mir wird sowieso nichts!« Mit dieser verheerenden Haltung behindert man sich selbst. Wer daran verweilt, muss sich nicht wundern, wenn aus allem nichts weiter wird. FÖRDERN aktiviert auch hier die vorhandenen Fähigkeiten in der Art und Weise, wie sie dem persönlichen Wesen entsprechen. FÖRDERN bringt individuelles Tun zum Ausdruck, und so spielt auch die Konkurrenz keine Rolle mehr, weil jeder auf seine ganz eigene Art zur Wirkung kommt.

BEGREIFEN

Sprechen Sie 7x hintereinander das Wort »begreifen«.

begreifen	begreifen	begreifen	begreifen
begreifen	begreifen	begreifen	

Ist es so, dass Sie viel wissen, aber nichts begreifen? BEGREIFEN ist das Codeworte, das uns hilft, das vorhandene Wissen konkret in die Tat umzusetzen. Denn was nützt es uns, über die Theorie zu verfügen und dennoch nichts in der Praxis zu verwirklichen? Wissen, das nicht genutzt wird, wird unangenehm und führt zu inneren Verspannungen (ich muss, ich sollte, ich weiß, aber ...).

Wer etwas lang und breit erklärt, der lebt im Mangel, dass er von seiner Mitwelt nicht verstanden wird. Er geht von einer Begriffsstutzigkeit aus, die seinem eigenen Mangel entspricht. »Begreif doch endlich, was ich dir sagen will!« ist ein typischer Ausspruch hierfür. Wir messen uns an unserer Überzeugungskraft und respektieren oft den Wissensstand unseres Gegenübers nicht. BEGREIFEN aktiviert hier das eigene Verstehen und bewegt andere dazu, mehr für sich zu begreifen, um mit dem erweiterten Wissen größere Resultate zu erzielen.

»Jetzt begreife ich erst, was du mir vor Jahren versucht hast zu sagen.« Ob wir etwas begriffen haben, lässt sich an unseren Antworten und Reaktionen erkennen. Betrügen Sie sich nicht weiter, indem Sie so tun, als hätten Sie alles begriffen und doch nichts verstanden. BEGREIFEN wir uns und unsere Realität, so haben wir den Zugang zum Erschaffen von Wirklichkeit gefunden. Doch viele Menschen leiden unter der weit verbreiteten Begriffsstutzigkeit, weil ihnen von Kind an beigebracht wurde, dass sie wenigstens so tun sollten, als hätten sie alles verstanden – selbst wenn es nicht den Tatsachen entspricht. Fragen Sie nach, wenn Sie etwas nicht begriffen haben. Doch geben Sie sich zuerst selbst die Chance zu begreifen, indem Sie in Ihrem Innersten nach dem vorhandenen Wissen forschen, und streben Sie dann danach, dieses mit den hinzugekommenen Erkenntnissen zu ergänzen. BEGREIFEN Sie sich als großes Wesen, das weiter geht, sobald die jetzige Realität voll und ganz begriffen ist. – »(Vorname) BEGREIFEN« führt dazu, dass Sie etwas umfassend erkennen und verstehen. BEGREIFEN geht über den Verstand; nur die Liebe ist in der Lage, das Ganze zu BEGREIFEN. Mit BEGREIFEN aktivieren Sie Ihr allumfassendes Verständnis.

GREIFEN

greifen	greifen	greifen	greifen
greifen	greifen	greifen	greifen
greifen	greifen	greifen	greifen
**	**	**	

GREIFEN aktiviert das augenblickliche Haben und bewirkt, dass Ihnen das Angestrebte sofort in die Hände fällt, denn GREIFEN leitet Sie zu der Stelle, an der das Gesuchte liegt. GREIFEN leitet Sie dahin, wo sich das Gesuchte befindet.

Haben Sie einen bestimmten Gegenstand verloren oder verlegt? Sind Sie schon so lange auf der Suche nach einem bestimmten Paar Schuhe zu einem bestimmten Kleid? Suchen Sie nach einem bestimmten Wort in einer bestimmten Sprache? Oder sagen Sie sich auch häufiger: »Ich weiß, dass ich es noch habe, doch kann ich mich nicht mehr erinnern wo ...« Verwenden Sie einfach GREIFEN, denn das stärkt die innere Gewissheit, dass Sie den jeweiligen Gegenstand bereits haben, und bringt Verschwundenes so wieder zum Vorschein.

»Autoschlüssel GREIFEN«

»Heilmittel für einen gesunden Hals GREIFEN«

»Lehrstelle im Bereich von ... GREIFEN« usw.

Es gibt unzählige Möglichkeiten, das Zauberwort GREI-FEN einzusetzen. Probieren Sie es aus, und GREIFEN Sie zu!

BEGINNEN

Sprechen Sie 11x hintereinander das Wort »beginnen«.

beginnen	beginnen	beginnen	beginnen	**
beginnen	beginnen	beginnen	beginnen	**
beginnen	beginnen	beginnen		

Viele wissen nicht, wo sie BEGINNEN sollen, und weil sie immer genau mit den Dingen beginnen, von denen sie zu wenig wissen, legen sie sich unnötig viele Steine in den Weg. BEGINNEN Sie mit dem, was Sie bereits wissen und können – und das andere wird sich automatisch fügen. Sie wachsen mit den Aufgaben.

Oft fängt man gar nicht erst an, weil man das Gefühl hat, man wäre noch nicht reif dazu. Es wurde einem beständig gesagt: »Aller Anfang ist schwer«, und so scheut man den Neubeginn.

BEGINNEN Sie jetzt, und lassen Sie sich überraschen, wie leicht es gehen kann. Die Zeit ist JETZT reif, um in der Tat zu sein und den Weg ins Paradies anzutreten. BEGINNEN Sie heute damit, Ihr Leben zu genießen, und sagen Sie:

»Genuss pur BEGINNEN«.

BEGINNEN zeigt Ihnen, wo und wie Sie beginnen können. Alles andere wird dann kinderleicht, weil SIE den Zweifel überwunden haben.

ERKENNEN

Sprechen Sie 20x hintereinander das Wort »erkennen«.

erkennen	erkennen	erkennen	erkennen	**
erkennen	erkennen	erkennen	erkennen	**
erkennen	erkennen	erkennen	erkennen	**
erkennen	erkennen	erkennen	erkennen	**
erkennen	erkennen	erkennen	erkennen	

Manchmal braucht es Jahre, ja sogar ein Leben, bis man fähig ist, wirklich und wahrhaftig zu ERKENNEN. ERKENNEN Sie sich manchmal selbst nicht wieder? In Ihnen steckt mehr, als Sie bisher vermutet haben. ERKENNEN lässt die persönliche Erinnerung schonungslos hervortreten, und wer sich nicht scheut, seiner eigenen Wahrheit zu begegnen, der verschafft sich mit ERKENNEN Klarheit, die wiederum zu großen Veränderungen führt. Die eigene Erkenntnis macht uns reich und frei. Im eigenen Erkennen wurzelt die Bereitschaft zur ganzheitlichen Wahrnehmung.

Was ein Mensch für wahr hält oder wahrnimmt, das ist oft sehr beschränkt und einseitig. Die Wahrheit ist viel umfassender als die Wahrnehmung. Solange wir uns selbst nicht ganz wahrnehmen, bleiben wir in Situationen, Beziehungen und Prozessen gefangen und werden immer wieder mit den gleichen Problemen konfrontiert. »Was will mir diese Situation sagen?« – ERKENNEN führt uns in das tiefer gehende Verstehen, denn in der wahren und wirklichen Selbst-Erkenntnis liegt das Wunder der Befreiung. »Ich bin weit davon entfernt, das Wesentliche und den eigentlichen Sinn zu verstehen.« – Mit ERKENNEN werden Ihre Augen geöffnet, damit Sie wirklich selbst sehen und die ganze Herrlichkeit selbst begreifen.

ERKENNEN Sie, wer Sie in Wahrheit sind! ERKENNEN Sie, dass Sie ein weitaus größeres Wesen sind, als die Figur, die Sie in diesem Leben verkörpern. Wenn Sie ER-KENNEN, für was alles GUT ist, dann sind Sie wahrlich frei. ERKENNEN Sie die *wirk*liche Verbindung mit der Schöpfungsquelle! Wollen Sie nun ERKENNEN, wer Sie in Wahrheit sind, dann ERKENNEN Sie ...

SEGNEN

Sprechen Sie 3x hintereinander das Wort »segnen«.

segnen   segnen   segnen

SEGNEN bringt den höchsten Wert zur Wirkung! Der Regen des Segens fällt jedem zu und macht reich! Falls dem noch nicht so ist, so überprüfen Sie Ihre innere Haltung. Macht Ihnen das Leben im Alltag große Mühe? Kämpfen Sie dauernd, und erreichen Sie dabei aber nicht wirklich das, was Sie sich kaum zu wünschen wagen? SEGNEN ruft himmlische Kräfte herbei und aktiviert die höhere Schwingung in *allen* Schöpfungen. SEGNEN Sie alles, was geheilt werden soll und was geheiligt ist. Segnen bringt in jeder Schöpfung die höchste Schwingung zur Wirkung. »Ich segne dieses Ereignis!« bewirkt, dass das Wunderbare eines Augenblicks, eines Moments zum Vorschein kommt. SEGNEN Sie daher das Miteinander einer Familie, eines Geschäftes, eines Projektes usw., und Sie werden feststellen, dass höhere Kräfte zur Wirkung kommen.

»Gesegnet ist die Fahrt dieses Autofahrers!« Anstatt sich also über den Mofa- oder den Fahrradfahrer aufzuregen, der sich an der Ampel vor Ihr Auto zwängt und anstatt sich von solchem Tun zu negativen Gedanken verleiten zu lassen (»der wird sicherlich noch einen Unfall herbeiführen«), sagen Sie:

»Gesegnet ist die Fahrt dieses Mofafahrers, und gesegnet ist meine Fahrt!«

Sie können so vieles segnen:

»Gesegnet ist der Weg, auf dem ich gehe!«

»Gesegnet ist mein Werk!«

»Gesegnet ist meine Beziehung mit ...!«

»Gesegnet ist die Nahrung, die ich jetzt zu mir nehme und die somit meiner körperlichen Gesundheit im besten Sinne dient.«

»Gesegnet ist das Wachstum dieser Pflanze!«

»Gesegnet ist mein Sein im Hier und Jetzt!«

»Gesegnet ist unser Zusammentreffen!«

»Gesegnet ist die Tat des Präsidenten unseres/jenes Landes!«

»Gesegnet ist das Wachsen meiner Tochter/meines Sohnes!«

»Gesegnet ist mein Wohlstand!«

»Gesegnet ist mein finanzielles Ver*mögen*!«

»Gesegnet ist mein Geschäft/Projekt!«

»Gesegnet sind meine finanziellen Einnahmen und Ausgaben!«

»Gesegnet ist meine finanzielle Leichtigkeit!«

»Gesegnet ist das Unternehmen, für das ich arbeite!«

»Gesegnet sind die Menschen auf ihrem Weg!«

»Gesegnet ist mein Bestreben in der Sache ...!«

»Gesegnet ist die Beziehung von Adam und Eva!«

»Gesegnet ist meine Beziehung mit ...!«

»Gesegnet bin ich mit meinen Gaben!«

»Gesegnet ist die Luft, die wir atmen!«

»Gesegnet ist die Natur und die Erde, die uns in unserem Sein begleiten!«

»Gesegnet ist die Erde mit allem, was aus ihr hervorgeht!«

SEGNEN Sie auch das Geld, bevor Sie es einsetzen, so dass es andere Taten segnet und vervielfacht zu Ihrem Wohl wieder zurückkehrt. Der Geldsegen wird Sie freuen, und es wird Ihre Mitwelt freuen, wenn Sie durch Ihren Kauf deren Mitwirken belohnen. So wird aus Ihrem Leben ein wahrer Segen.

SEGNEN bringt das Beste und Höchste zur Wirkung! »Gesegnet ist dieser Moment und das Geschenk, das Sie jetzt gerade empfangen!«

Gesegnet ist Ihr weiterer Weg und jeder Ihrer Schritte!

DEHNEN

dehnen   dehnen   dehnen   dehnen   **
dehnen   dehnen   dehnen

Sind die schönen Momente allzu schnell vorüber? Wollen Sie einen angenehmen Zustand länger genießen – das geht ganz einfach mit DEHNEN! Werden Sie zum Meister über die Zeit, und DEHNEN Sie sie einfach …

DEHNEN verlängert ein Geschehen, daher können Sie beispielsweise sagen:

»Urlaubstage DEHNEN«

»gemütliches Zusammensein DEHNEN«

»die liebevollen Momente DEHNEN«

»Wirkung der Massage DEHNEN«

»Erfolg und Gewinn DEHNEN« usw.

DEHNEN verstärkt und verlängert den Genuss und die Freude. Alleine das Erkennen des wunderbaren Momentes wird weitere wunderbare Momente in Ihrem Da-Sein manifestieren. DEHNEN ist die Intensivkur für wunderbare Momente.

Haben Sie ein lang ersehntes Ziel erreicht, und wollen Sie nun noch länger etwas davon haben, so setzen Sie DEHNEN ein. Soll ein lukrativer Auftrag verlängert werden, so wird DEHNEN dies im gemeinschaftlichen Sinn aktivieren.

AUSDEHNEN

ausdehnen	ausdehnen	ausdehnen	**
ausdehnen	ausdehnen	ausdehnen	

Wollen Sie einen bestimmten Bereich in Ihrem Leben noch mehr ausbauen? Wollen Sie äußere Verstärkung, indem Sie Ihr Unternehmen mit anderen verbinden, damit sich Ihr Produkt auf dem Markt besser verbreitet? Haben Sie Lust und Spaß daran, das, was Sie bereits haben, in einem erweiterten Sinn zu erleben? Wollen Sie weiter auf dem gleichen Gebiet, im gleichen Sektor tätig sein, aber ist es Ihnen ein wichtiges Anliegen, noch neue Feinheiten dazu zu gewinnen? AUSDEHNEN führt dazu, dass Ihr Erfolgsrezept noch raffinierter und gewinnbringender wird.

AUSDEHNEN hilft Ihnen dabei, bestehende Grenzen zu überschreiten und Ihren Einfluss auf das kosmische Geschehen zu verstärken.

AUSDEHNEN aktiviert das Verbreiten Ihres persönlichen Wertes auf andere Gebiete und Bereiche. »Ich will mich im Wesentlichen AUSDEHNEN!« führt zu wahrem Wachstum. Sind Sie bereit dazu?

MEHR

Sprechen Sie 15x hintereinander das Wort »mehr«.

mehr	mehr	mehr	mehr	mehr	**
mehr	mehr	mehr	mehr	mehr	**
mehr	mehr	mehr	mehr	mehr	

Wollten Sie auch schon immer *mehr* haben, und waren Sie bis jetzt der Meinung, dass es nicht wirklich für alle genug gibt? MEHR lässt uns mehr sehen und lässt ALLES MEHR werden! Darum ist Vorsicht geboten, in welchem Zusammenhang Sie MEHR verwenden. Entscheiden Sie ganz bewusst, was in Ihrem Leben MEHR werden soll. Doch bevor etwas MEHR werden kann, muss der Anfang bereits getan sein, also Sie müssen bereits einen Teil dessen haben, was Sie mehren wollen, denn von nichts kommt nichts. Aus Etwas kann mehr werden, wie

»MEHR Anerkennung«

»MEHR Chancen und Möglichkeiten«

»MEHR finanzielle Mittel«

»MEHR persönliche Anerkennung«

»MEHR Fähigkeiten auf dem Gebiet von ...«

»MEHR zufriedene Kunden«

»MEHR finanzielle Einnahmen«

»MEHR Freude und Gewinn« usw.

Nun steht Ihnen nichts MEHR im Weg, außer Sie selbst!

AUCH!/AUCH?

Sprechen Sie 1x das Wort »auch«.

Auch!   *oder*   Auch?

Haben Sie sich AUCH schon gefragt, was das Ganze soll – und will? Haben Sie die Antwort abgewartet, oder sind Sie darüber hinweggegangen? »Du bist AUCH dabei, also was hat die ganze Sache mit dir zu schaffen?« Das ist eine gute Frage an das eigene Selbst, um die Verantwortung zu übernehmen und damit selbst auch zur Lösung von fremdbestimmten Situationen beitragen zu können. Genauso verhält es sich, wenn Sie Zuschauer eines Streites sind, denn dann sind AUCH Sie gefordert, etwas zur Lösung beizutragen. Sagt ein Kind »ich will AUCH«, dann wird es oft mit der Antwort abgespeist »jetzt nicht«. Dies bewirkt nicht selten eine ungesunde Passivität. Später weiß man nicht mehr, warum alles AUCH mich selbst betrifft. Doch nichts geschieht in unserer Realität, was uns nicht AUCH etwas angehen würde. »Ich halte mich raus!« Diese Haltung ist fatal und führt dazu, dass man sich irgendwann doch AUCH beteiligen muss. Wenn Sie also wissen wollen, was Sie mit einer bestimmten Situation zu tun haben, so sagen Sie Ihren »Vornamen AUCH?«, und Sie werden begreifen, warum Sie ein Teil des Geschehens sind.

Jeder von uns will AUCH glücklich und erfolgreich sein. Mit AUCH tauchen Sie in das ganze Geschehen ein. Probieren Sie die Wirkung aus, und Sie werden AUCH weiter machen!

»Ich AUCH!« heißt, dass ich mit dem Plan und dem Vorhaben eines anderen EINIG bin. Im positiven Sinn könnte das heißen: »Mir blüht das Gleiche wie dir, weil ich mir deine geistige Vorstellung für mich auch vorstellen kann!«

WIEDER!/WIEDER?

Sprechen Sie 3x hintereinander das Wort »wieder«.

wieder?	wieder?	wieder?	*oder*
wieder!	wieder!	wieder!	

WIEDER als Schaltwort angewendet zeigt, warum gewisse Ereignisse sich WIEDERholen, und warum dies oder jenes schon WIEDER passiert. WIEDER zeigt, wo das Weiterkommen verhindert wird und warum wir immer WIEDER die gleichen Erfahrungen machen.

Wissen Sie nicht, ob Ihnen ein solches Ereignis WIEDER bevorsteht, so können Sie dies mit »... WIEDER« abfragen. Sagen Sie: »IMMER WIEDER will ich mir mein Glück gönnen!« »Vor-Sicht« ist jedoch geboten, in welchem Zusammenhang Sie WIEDER verwenden. Höchst bedenklich ist es, wenn Menschen sagen »Du lügst mich immer wieder an!«, und Sie wundern sich doch tatsächlich, dass es immer wieder geschieht ... Immer wieder das Gleiche zu erfahren, ist im höchsten Sinn nicht vorgesehen, sondern das Leben ist ein großes Abenteuer, das uns immer WIEDER in neue Erlebnisse bringt.

ANPASSEN

Sprechen Sie 8x hintereinander das Wort »anpassen«.

anpassen	anpassen	anpassen	anpassen **
anpassen	anpassen	anpassen	anpassen

Haben Sie gewisse Dinge übertrieben, und laufen diese »aus dem Ruder«? Wachsen Ihnen die Ereignisse über den Kopf? Werden Sie mit all den Dingen nicht mehr fertig? Ist Ihr Leben nicht mehr im Gleichgewicht, weil Sie in bestimmten Bereichen übertrieben und dafür andere Seiten vernachlässigt haben? Wollen Sie einen Gang zurückschalten und den Dingen mehr Zeit lassen? Haben Sie Mühe, sich mit Ihrem Alltag anzufreunden, und bleibt Ihnen aber wohl oder übel nichts anderes übrig? Haben Sie lange Zeit geschlafen und Ihre Chancen schlichtweg in den Wind geschlagen? Dann verwenden Sie einfach das Wörtchen ANPASSEN – und Ihr Leben wird sich auf wundersame Weise Ihrem Rhythmus angleichen. Mit ANPASSEN finden Sie wieder den Anschluss an das gegenwärtige Geschehen. ANPASSEN bewirkt, dass die noch vorhandenen Ressourcen im optimalsten Sinn eingesetzt werden können.

Passen Sie nirgendwo so richtig hinein? Mit ANPASSEN gelingt es Ihnen, sich auf eine positive und persönliche Art einfügen zu können. Ihr Motto sollte lauten: »Pass dich an, aber gib dich nicht auf!« Wenn Ihnen allerdings jemand sagt: »Du musst dich anpassen, ansonsten wirft man dich aus der Firma!«, dann ist Vorsicht geboten. Wer überall aneckt, der hat sich nur auf die negativen Dinge konzentriert, und er sieht die eigenen Chancen nicht mehr. Wer im Widerstand zum Leben lebt, der muss sich nicht wundern, wenn er gegen die Wände läuft, die er sich selbst aufgebaut hat. Mit ANPASSEN kommen aber die gegenwärtigen Fähigkeiten im besten Sinn wieder zum Einsatz.

Das eigene Wesen zu entdecken, das ist wahre Revolution!

GEBEN

»Geben ist seliger denn nehmen!« GEBEN Sie sich Mühe, und wundern Sie sich, dass sich die ganze Mühe nicht lohnt? Es liegt vor allem daran, WIE Sie GEBEN und WAS Sie GEBEN, denn Sie erhalten alles verstärkt zurück. GEBEN Sie also mit Freude, und vor allem gönnen Sie dem anderen die Freude zu erhalten. GEBEN Sie Geld gerne, so werden auch Sie für alles gerne entlohnt. Vielleicht denken Sie jetzt: »Ich kann doch einem Bettler auf der Straße nicht einfach so mein Geld geben! Ich muss doch auch hart arbeiten dafür! Mir schenkt auch keiner etwas, wenn ich nichts tue!« Gönnen Sie ihm doch einfach seinen Erfahrungsweg. Geben Sie, wenn Sie es aus Ihrem Herzen heraus tun können. Haben Sie sich aber nicht auch schon gewünscht, Sie würden einfach so Geld bekommen? Wer nicht GEBEN kann, kann auch nicht wirklich nehmen. Denken Sie darüber nach … GEBEN ist das Zauberwort, das augenblicklich das eigene Haben bewusst macht. Durch das Bewusstsein zu haben ehrt und stärkt man den vorhandenen Wert! Wer gibt, weiß, dass er reich ist und noch reicher sein wird.

Vielen wird beigebracht, dass man sparen muss. »Spare in der Zeit, so hast du in der Not« führt aber nur dazu, dass man den zukünftigen Mangel in der Tat herbei ruft. Stellen Sie sich vor, wie wunderbar es ist, wenn Sie jede Rechnung, die ins Haus kommt, sofort bezahlen können. Zahlen Sie doch einfach mal mit Freude Ihre Steuern, und erkennen Sie gleichzeitig, was Sie dafür alles bekommen. Es geht nicht darum, wie viel Geld Sie im Moment haben, sondern mit welcher Freude Sie Ihr eigenes Haben erkennen. Ist es nicht wunderbar, einfach so und ohne lange zu überlegen GEBEN zu können? Geben macht glücklich und verstärkt den fortsetzenden Reichtum.

Wollen Sie jemandem helfen, und Sie wissen nicht wie? Dann sagen Sie GEBEN, und Ihnen wird gezeigt, was sie dem anderen GEBEN können, damit er in seiner Situation weiterkommt. Sagen Sie dazu:

»Patient XY GEBEN«

»Schüler GEBEN«

»XY GEBEN« usw.

GEBEN Sie immer Ihr Bestes, und Sie werden bestens bedient. Sagen Sie sich: »Ich gebe jeden Tag mein Bestes und werde immer mit dem Besten belohnt!« Diese Haltung könnte Sie weit bringen. GEBEN Sie Lob, GEBEN Sie Wissen, GEBEN Sie Freude! GEBEN Sie weiter, was sich in Ihrem Leben wirklich gelohnt hat. GEBEN Sie diese Information weiter. Geben Sie, ohne zu fordern, denn wer gibt, der wird immer haben!

LÄCHELN

Sprechen Sie 8x hintereinander das Wort »lächeln«.

lächeln	lächeln	lächeln	lächeln
lächeln	lächeln	lächeln	lächeln
**	**	**	

Das innere LÄCHELN vertreibt Wut, Hass sowie die Lust auf Rache und zeigt das Bewusstsein der Liebe!

Kennen Sie mehr Feinde als Freunde? Sind Hass, Wut, Missgunst, Eifersucht und andere bohrende Emotionen Ihre täglichen Begleiter?

Beginnen Sie von nun an den Tag mit LÄCHELN, und Sie werden sehen, dass die Welt zurücklächelt – denn zu lächeln bedeutet, die innere Sicherheit zu aktivieren, dass alles gut wird und dass alles im besten Sinne geplant ist.

Das innere LÄCHELN zeigt die entspannte Haltung Ihres großen Wesens. Lächeln ist immerhin »die eleganteste Art die Zähne zu zeigen«! LÄCHELN aktiviert den inneren Frieden und verstärkt die wahre Gewissheit über das Leben. LÄCHELN ist Entspannung im höchsten Sinne!

Ist es nicht einer der schönsten Momente, wenn Sie einem kleinen Kind ins Gesicht schauen und sich über das unschuldige Lächeln freuen? LÄCHELN hilft uns, das wirklich wichtige und große Wesen in jeder Lebensform zu erkennen. LÄCHELN Sie sich zum größeren Sein. Sollten Sie noch von der zerstörerischen Wut über einen bestimmten Menschen gefangen sein, so befreien Sie sich selbst mit einem LÄCHELN. Jedes Mal wenn Sie ein negatives Gefühl zu einem Schattenwesen machen will, so bringen Sie mit LÄCHELN das Licht in Ihnen wieder zum Leuchten. LÄCHELN erleuchtet Sie!

RICHTEN

Sprechen Sie 4x hintereinander das Wort »richten«.

richten   richten   richten   richten

»Der Vater wird es schon richten!« – Nein, Sie können alles selbst wieder richten, was sich in eine falsche Richtung entwickelt hat. Verwenden Sie einfach RICHTEN – und eine »verbogene Wahrheit« lässt sich wieder gerade biegen – richten eben ... RICHTIG ist, was dem Erreichen Ihres Zieles dient.

RICHTEN Sie nicht im wertenden Sinn, sondern RICHTEN Sie sich auf das Wesentliche aus.

»XY RICHTEN«
»Unternehmung XY RICHTEN«
»Zusammenleben RICHTEN« usw.

RICHTEN verhindert Umwege und zeigt uns auf, wo dem Unwesentlichen zu viel Aufmerksamkeit geschenkt wurde. »Richtet nicht, auf dass ihr nicht selbst gerichtet werdet« bedeutet, dass wir uns nicht so sehr auf die Ziele und Wege anderer konzentrieren sollten, sondern dass wir uns auf uns selbst ausrichten. Was richtig und was falsch ist, ist relativ, wenn wir das Ziel kennen. Wenn Sie also die Orientierung verloren haben, so RICHTEN Sie sich jetzt neu ein und aus!

GETAN

Sprechen Sie 10x hintereinander das Wort »getan«.

getan	getan	getan	getan	getan	**
getan	getan	getan	getan	getan	

»Gesagt – getan« sind die Dinge erst, wenn wir alle Aspekte einer Situation beachtet und akzeptiert haben. GETAN lässt uns vergessene Aspekte erkennen, damit die ganze Angelegenheit zur Freude aller und erfreulicherweise abgeschlossen werden kann und wir uns nun wieder neuen Projekten widmen können.

GETAN zeigt uns, was noch getan werden muss, um sich weiter zu entwickeln, aber es lässt Sie auch entspannt Dinge gewähren, die geschehen müssen. Wenn Sie GETAN einsetzen, werden Sie sich später keinen Vorwurf machen müssen, etwas nicht getan zu haben.

GETAN macht uns auf Kleinigkeiten aufmerksam, die wir gerne übersehen, die aber sehr wichtig sind. Manchmal ist es eine Kleinigkeit, die unserem Glück im Weg steht. Es fehlt oft nur noch sehr, sehr wenig, damit sich das große Glück in der Tat manifestiert. »Ich habe doch alles getan, und trotzdem bin ich immer noch am gleichen Platz!« Setzen Sie GETAN ein, wenn es Ihnen so ergeht. Sagen Sie:

»... Arbeit GETAN«

»Projekt ... GETAN«

»Ziel ... GETAN« usw.

Seien Sie bereit, alles zu geben und zu tun – und Sie werden Ihr Wunder erleben! Erst wenn alles GETAN ist, entscheidet sich unsere Seele, weiter zu gehen. Wir sind hier, um ALLES zu sein und um unsere wahre Erfüllung zu erleben. Erleuchtung geschieht dann, wenn alles GETAN wurde, was dem großen Verstehen dient. Und es ist so wunderbar, ALLES GETAN zu haben!

FÜR

Sprechen Sie 3x hintereinander das Wort »für«.

für   für   für

Sind Sie auch dafür – oder eher dagegen? FÜR ist das Zauberwort, das hilft, Energien umzuverteilen und einen Ausgleich zu schaffen in Situationen, in denen die Kräfte schlecht verteilt wurden. Testen Sie das Wörtchen FÜR, dann können Sie bald ebenfalls sagen: »Ich bin mehr FÜR die Sache!« »Ich bin FÜR die Lösung und FÜR den Frieden!« FÜR macht es möglich, dass Sie mit Ihrem persönlichen Beitrag auf positive Weise zum Gelingen der Projekte beitragen. Dafür zu sein bedeutet allerdings nicht gleichzeitig dagegen zu sein. Wenn wir also FÜR etwas sind, heißt es nicht, dass wir gegen das andere sind. Dagegen zu sein, stärkt nur die negative Kraft und diese nährt sich von der Ablehnung. Dies wird einem aber sehr leicht untergeschoben. Achten Sie daher darauf, wenn solches geschieht! Machen Sie deutlich, FÜR was Sie sind, und Sie geben damit Ihre Energie in das Geschehen.

»Ich bin FÜR das Leben!« – »Ich bin FÜR die Liebe!«
»Ich bin FÜR das bewusste Erkennen der höchsten Kraft!« usw.

Setzen Sie ab jetzt nur noch FÜR ein, aber achten Sie darauf, dass Sie nicht weiter dagegen sind. Denn: FÜR bringt uns weiter, dagegen hält uns auf!

LANGSAM

Sprechen Sie 4x hintereinander das Wort »langsam«.

langsam   langsam   langsam   langsam

Langsam aber sicher! Geht Ihnen alles viel zu schnell? Kommen Sie nicht mehr mit, und fällt es Ihnen schwer, mit den Ereignissen Schritt zu halten? Dann ziehen Sie die Bremse mit LANGSAM. LANGSAM baut den Druck ab, der Sie an Ihrer Entfaltung hindert.

»Ich will noch schnell anrufen!« »Ziehe dir schnell die Schuhe an!« »Ich komme noch schnell vorbei!« – Achten Sie einmal darauf, wie oft Sie das Wort schnell verwenden. Schnell macht dabei immer deutlich, dass Sie unter Druck stehen und sich dauernd neuen Druck machen. Aber sobald Druck in eine Sache kommt, blockiert dies den Fluss. Kommen Sie nicht mehr mit, und fällt es Ihnen schwer, mit den Ereignissen Schritt zu halten? Verwenden Sie dauernd Sätze wie »Ich muss noch ...«? Damit bauen Sie sich selbst Mauern auf, die Sie irgendwann wieder überwinden müssen.

Haben Sie also Angst, Sie könnten Ihr Ziel nicht erreichen, und stehen Sie nun gewaltig unter Druck, dann setzen Sie LANGSAM ein. LANGSAM bewirkt, dass Sie Ihr Ziel mit Sicherheit Schritt für Schritt erreichen und dann noch genug Kraft haben, das Fest des Sieges zu feiern. LANGSAM hilft, dass Sie sich nicht verausgaben und unnötig Kraft verschwenden.

Ein Beispiel: Ich hatte einst eine Arbeitskollegin, die machte zwar alles langsam, war aber immer mit allem rechtzeitig fertig. Wir anderen beeilten uns und rannten, um die Straßenbahn noch zu erreichen. Diese Arbeitskollegin aber kam langsam daher geschlendert und erreichte die Straßenbahn auch immer pünktlich. Ihre Devise war: »Nur langsam, ich erreiche, was ich will.« Und so war es immer ...

In der Eile liegt nur die Angst, etwas zu verpassen. LANGSAM aber stetig kommen wir voran!

ZÄHLEN

Sprechen Sie 5x hintereinander das Wort »zählen«.

zählen   zählen   zählen   zählen   zählen

ZÄHLEN ist das Zauberwort, wenn Sie Ihre Werte vermehren wollen, und wenn Sie beabsichtigen, dass etwas Bestimmtes »zahl-reicher« werden soll. ZÄHLEN hilft Ihnen, den Bestand Ihrer eigenen Werte zu erkennen – und diesen zu erweitern.

Wenn Sie beim nächsten Mal Ihr Geld ZÄHLEN und Sie mehr zum ZÄHLEN haben wollen, so wissen Sie nun, wie es geht. Soll Ihre Kundschaft zahlreicher werden? Wollen Sie mehr freundliche Menschen um sich haben? ZÄHLEN Sie Ihre Geschenke, und Sie werden aus dem ZÄHLEN nicht mehr herauskommen.

»Ich zähle auf dich« bedeutet: »Ich rechne mit dir und mit deinen Werten«. Kann man auch auf Sie ZÄHLEN? ZÄHLEN Sie, und aktiveren Sie Ihren vorhandenen Reichtum.

GÖTTLICH

»Ich bin einfach göttlich – du bist einfach göttlich –
wir sind einfach göttlich!«

»Du selbst bist das eigentliche Wunder!« – GÖTT-
LICH ist das Zauberwort, das versteckte Fähigkeiten auf
den Plan ruft und das die Erinnerung an Ihre Stärke weckt.
GÖTTLICH macht damit Wunder möglich, von denen
SIE NIE GEDACHT hätten, dass es sie überhaupt gibt!

Jeder Mensch ist weit mehr, als die Figur, die er gerade
darstellt. GÖTTLICH öffnet den Blick für die wahre Größe, die sich in jedem Lebewesen widerspiegelt. Etwas im
göttlichen Licht zu sehen, ist eine wunderbare Erfahrung.
GÖTTLICH zeigt, dass man mehr ist, als eine Funktion
und eine Rolle. Die Rolle, die jeder spielt oder zu spie-
len glaubt, lenkt oft von seiner eigentlichen Größe ab.
Denken Sie einmal darüber nach: Definieren Sie sich zu
sehr mit einer bestimmten Rolle, und beachtet man Sie
nur noch dann, wenn Sie so funktionieren, wie Ihre Mitwelt glaubt, dass es sein sollte? Mit GÖTTLICH können
Sie sich aus der festgefahrenen Rolle lösen und zu neu-
en Aufgaben finden. »Du selbst bist das eigentliche
Wunder!«

Aktivieren Sie Ihr göttliches Sein – jetzt und immer
wieder!

AUFPASSEN

Sprechen Sie 7x hintereinander das Wort »aufpassen«.

aufpassen	aufpassen	aufpassen	aufpassen
aufpassen	aufpassen	aufpassen	

Ist größte Aufmerksamkeit angesagt? Geht es um wichtige Entscheidungen? Ist der gegenwärtige Moment wichtig für zukünftige Pläne? AUFPASSEN ist das Zauberwort, das Aufmerksamkeit aktiviert und Ihre 7 Sinne stärkt; es aktiviert Ihren »Rundumblick« und hilft Ihnen daher, der gegebenen Situation mit höchster Wachsamkeit zu begegnen. Sie sind nun hellwach und bestens in der Lage, die Situation voll zu erfassen. Nichts entgeht Ihnen, und Sie bemerken Dinge, die Sie sonst übersehen hatten. Mit AUFPASSEN fallen Ihnen wichtige Kleinigkeiten auf, die oftmals entscheidend sein können.

Befinden Sie sich also beispielsweise in einer wichtigen Situation, in der Sie wissen, dass nun Ihre Beteiligung wirklich wichtig ist, so können Sie diese mit AUFPASSEN auf wundersame Weise unterstützen.

AUFPASSEN hilft Ihnen auch, alle Werte Ihres Gegenübers zu erfassen, und evtl. werden Sie sich wundern, mit wem Sie es in Wahrheit zu tun haben. AUFPASSEN ist also das Zauberwort, das bei jedem Lebewesen die Wachsamkeit weckt und die bewusste Präsenz in der Gegenwart erlaubt.

HANDELN

Sprechen Sie 3x hintereinander das Wort »handeln«.

handeln   handeln   handeln

Sind Ihnen die Hände gebunden? Haben Sie das Zepter aus der Hand gelegt, und nun liegt Ihr Schicksal in den Händen eines anderen? Haben Sie die Verantwortung für das Wohl Ihres Lebens einem Mitmenschen übergeben? Nun lähmt Sie die Abhängigkeit, in die Sie sich begeben haben, weil Sie nicht wissen, was der andere zu tun gedenkt? Überlassen Sie es anderen zu entscheiden, was Sie selbst tun könnten/müssten?

Zögern Sie immer viel zu lange, und verpassen Sie den richtigen Moment, um so zu handeln, dass Sie selbst in Ihrem Leben voll zur Geltung kommen?

HANDELN aktiviert die innere Bereitschaft zur Tat. Es wirkt im Sinne von »sei mutig und schreite zur Tat, denn du wirst siegen mit dem, was du zu bieten hast!« – Sehen Sie sich handeln, und in Ihnen wird eine große Freude herrschen, weil Sie die lähmende Passivität endlich überwunden haben!

HEILEN

Sprechen Sie 10x hintereinander das Wort »heilen«.

heilen   heilen   heilen   heilen   heilen   **
heilen   heilen   heilen   heilen   heilen

Plagen Sie alte Wunden, und wollen Verletzungen nicht wirklich heilen? Können Sie bestimmte Ereignisse und Momente nicht vergessen, und werden Sie dadurch in Ihrem Leben einfach nicht mehr froh? HEILEN aktiviert Ihre Bereitschaft, nun endgültig geheilt zu sein. Sagen Sie sich: »Ich bin ›davon‹ für mein ganzes Leben geheilt!«, denn das bedeutet, dass Sie durch Ihre Erfahrung der Selbst-Heilung, also durch das bewusste Wahrnehmen der eigenen Kräfte, gewonnen haben. Ein heilsames Erlebnis stärkt die Widerstandsfähigkeit für die Zukunft. Sie haben es nun geschafft – Sie sind immun und lassen sich nicht noch einmal in der vergangenen Art und Weise verletzen. HEILEN stimmt Sie fröhlich und macht Sie dankbar.

HEILEN ist das Zauberwort, das Sie in die Lage versetzt, eine Erfahrung aus einer höheren Bewusstseinsebene zu betrachten und zu lösen.

ERINNERN

Sprechen Sie 9x hintereinander das Wort »erinnern«.

erinnern	erinnern	erinnern	**
erinnern	erinnern	erinnern	**
erinnern	erinnern	erinnern	

»Ich er*innere* mich! Wir erinnern uns!« Können Sie sich gar nicht mehr erinnern, wann Sie zum letzten Mal glücklich und zufrieden waren? Scheint es, als wären die guten Erinnerungen verflogen, und nun leben Sie nur noch in den Befürchtungen, was die Zukunft bringen mag? Sagen Sie sich unbedingt:

»Glück ERINNERN, Gewinn ERINNERN,
Liebe ERINNERN, Können ERINNERN« usw.

Es ist ein unbeschreibliches Erlebnis, wenn die Erinnerungen zurückkehren. Sie haben natürlich die Wahl, an was Sie sich erinnern wollen. Daher ist beim Einsatz dieses Wortes »Vor-Sicht« geboten! Welche Erinnerungen sollen geweckt und aktiviert werden? Die bewusste Wahl wird die Sicht auf Ihren Alltag maßgeblich verändern! ERINNERN Sie sich an die vielen guten Momente und Ereignisse, die Sie selbst bereits geschaffen haben. Warum sollten Sie nicht auch zukünftig fähig sein, was Sie in der Vergangenheit bereits erreicht haben?

ERINNERN bringt Ihnen im wahrsten Sinne die Erinnerung zurück. ERINNERN wir uns an unsere wahre Herkunft! ERINNERN wir uns an unsere Göttlichkeit! ERINNERN wir uns an unseren Ursprung! Es ist ein herrliches Ereignis, wenn unsere wesentlichen Erinnerungen zurückkehren.

Mit ERINNERN haben Sie auch die Fähigkeit, das jetzige Glück zu speichern, indem Sie im glücklichen Moment ERINNERN sagen. Verinnerlichen Sie die glücklichen Momente, und Sie werden durch das bewusst verankerte Erlebnis weiter getragen.

UMKEHREN

Sprechen Sie 1x das Wort »umkehren«.

umkehren

Dieses Wort müssen Sie ganz bewusst zu sich selbst sagen, wenn Sie merken, dass Sie sich von sich entfernen und dass Sie dem Ärger zu sehr nachgeben. Haben Sie manchmal das Gefühl, in bestimmten Situationen – in denen Sie ganz in Rage sind – sich selbst nicht mehr steuern zu können? Verlieren Sie in bestimmten Situationen einfach die Kontrolle über sich, und wissen Sie nicht mehr, was Sie tun? Vergessen Sie all' Ihre Möglichkeiten? – UMKEHREN hilft Ihnen, wieder zu sich zurückzukehren und wieder in die eigene Mitte zu finden. UMKEHREN hilft in Momenten unkontrollierten Verhaltens innezuhalten und die Kontrolle wieder zurückzugewinnen.

Sind Sie zu weit gegangen, und verspüren Sie nun den Wunsch, die missratene Situation wieder mehr in Ihrem Sinn zu verändern? UMKEHREN bewirkt, dass man zu einem gewissen Punkt zurückkehrt, um dann die Dinge im bewussten Sinn weiterführen zu können.

PLANEN

Sprechen Sie 9x hintereinander das Wort »planen«.

planen   planen   planen   planen   planen **
planen   planen   planen   planen

Scheint es Ihnen, als wären gewisse Umstände im Moment nicht möglich, so können Sie diese mit dem Zauberwort PLANEN in die Wege leiten. PLANEN Sie Ihr Glück – und vertrauen Sie darauf, dass es auch tatsächlich in Ihr Leben treten wird.

Fehlen Ihnen noch gewisse Erkenntnisse, um Ihrem Traum in die Tat umzusetzen, dann wird PLANEN genau die Menschen zu Ihnen führen, die Ihnen dabei helfen können. Wir sind alle in einem Miteinander verbunden – und durch den Austausch der Werte gewinnen wir. PLANEN zieht die Experten in Ihr Dasein, die mit ihrem Wissen dazu beitragen, dass Ihr Glück vollkommen sein kann. Stellen Sie es sich so vor: Es ist, als wollten Sie ein Haus bauen. Hier ist es nicht nötig, dass Sie selbst Architekt werden, sondern Sie engagieren einen erfahrenen Meister und geben ihm als Gegenleistung von den Werten etwas ab, die Sie sich durch Ihr Können erarbeitet haben – und Ihrem »Haus« steht nichts mehr im Wege! PLANEN holt sozusagen andere Spezialisten und Meister hinzu!

WÄHLEN

Sprechen Sie 10x hintereinander das Wort »wählen«.

wählen	wählen	wählen	wählen	wählen	✱✱
wählen	wählen	wählen	wählen	wählen	

Wollen Sie wieder wählen können und die Auswahl haben? Oder sind Sie mit Ihren Wahlmöglichkeiten und Lebensangeboten überfordert? Dann wählen Sie WÄH-LEN, um die für die Gegenwart richtige Wahl zu treffen. Lassen Sie sich durch WÄHLEN führen, und vertrauen Sie Ihrem Gefühl. »Wer die Wahl hat, hat die Qual!« Dies ist nur zum Teil der Fall, nämlich dann, wenn Sie kein wirkliches Ziel haben, oder wenn Sie Angst haben, das Falsche zu wählen, oder Sie befürchten, immer wieder das Richtige zu verpassen.

Bereuen Sie eine Wahl, die Sie in der Vergangenheit getroffen haben? Dann bleiben Sie gefangen und werden nur noch verlieren! Stehen Sie immer zu Ihrer Wahl! Aber seien Sie sich bewusst, dass Sie jederzeit die Wahl haben! Anstatt sich zu ent*scheiden* – wählen Sie! WÄHLEN aktiviert Ihre tatsächliche Freiheit zur Wahl! Sie haben immer die Wahl, also nutzen Sie Ihr Wahlrecht. Jede Entscheidung bedeutet Trennung. Trennung wiederum aktiviert Sehnsucht und lässt uns nicht zur Ruhe kommen. Jede Entscheidung ist zudem wertende Wahl! Immer, wenn Sie eine Entscheidung treffen, werden Sie vom

Zweifel begleitet, der Sie fragt: »Ist es richtig, dass ich so entschieden habe, oder hätte ich besser das Andere genommen?« Die getroffene Entscheidung führt Mangel herbei, weil der Zweifel die Erfüllung verhindert. WÄHLEN aber aktiviert den Zugriff auf das Optimum.

BRINGEN

Sprechen Sie 3x hintereinander das Wort »bringen«.

bringen   bringen   bringen

BRINGEN aktiviert Ihr inneres Wissen, ob sich etwas lohnt! Was bringt mir diese Entscheidung? Was bringt es mir, in dieser Partnerschaft zu bleiben? Was bringt mir diese Haltung? usw. Alles, was Sie tun, lassen und geben, bringt Ihnen wieder etwas Passendes zurück. BRINGEN ist sozusagen der Bote des Himmels. Weil es im universellen, kosmischen Sinn keine Wertung gibt, bringt Ihnen das Leben aber stets das zurück, was Sie gegeben haben oder was Sie weiterhin bereit sind zu geben … Also wählen Sie gut, was Sie geben möchten. Wollen Sie im Vorfeld erkennen, was Ihnen etwas einBRINGEN wird, so sagen Sie: »Projekt BRINGEN«, und es wird Ihnen offenbart, was Sie dabei zurückgewinnen werden.

Das Leben macht keine Unterschiede – es unterscheidet nicht zwischen gut und böse oder zwischen positiv und negativ. Jeder Gedanke führt in jede erdenkliche Realität und bringt Ihnen die entsprechenden Resultate. BRINGEN macht deutlich, was Sie zurückbekommen werden. Nun haben Sie die Gelegenheit, Ihre Haltung dementsprechend zu ändern, so dass Sie zukünftig keine bösen Überraschungen erleben. BRINGEN lässt Sie demnach Ihre Zukunft berechnen! Negative Haltungen bringen letztendlich HERZLICH WENIG. BRINGEN aktiviert aber auch den Mut zur Wahl und zur Tat! BRIN-GEN Sie also sich ein, und Ihre Mitwelt erkennt, was Sie in der Tat mitBRINGEN. Man wird Sie dafür zu schätzen wissen.

MIT

mit   mit   mit   mit

MIT wem oder MIT was wünschen Sie zusammenzukommen? Wünschen Sie sich die MITwirkung eines bestimmten Meisters, eines bestimmten Menschen? MIT macht deutlich, ob dieser bei Ihrem Vorhaben MITmachen will. Trauen Sie sich ruhig mehr zu, denn wenn Sie bereit sind und begonnen haben, dann wollen sicherlich andere auch MITmachen.

Haben Sie manchmal das Gefühl, es geht nicht MIT und nicht OHNE? Sind Sie verzweifelt, und wissen Sie nicht, wie Sie es daMIT schaffen sollen?

MIT ist das Zauberwort, das Ihnen hilft, das Wenige, das Sie im Moment zu haben scheinen, richtig zu kombinieren, so dass doch noch etwas Wunderbares entstehen kann. Dann werden Sie bald schon sagen können: »Ich weiß eigentlich gar nicht, woMIT ich dies geschafft habe!«

Sind Sie bereit, das scheinbar Wenige einfach zu verwenden und einzusetzen, so werden Sie das Wunder erleben: Mit dem, was Sie haben, kann ALLES entstehen! Sie haben alles zur Verfügung, woMIT es sich besser leben lässt. Vielleicht sind Sie sich dessen bis jetzt nicht bewusst gewesen, aber von heute an beginnen Sie MIT SICH SELBST zu sein.

Beginnen Sie von nun an Ihren Tag MIT (*Vorname*) – z. B. sage ich »MIT Franziska bin ich immer am besten dran und ziehe die Menschen in mein Dasein, die mit mir nach dem Höchsten streben!«

AUF

auf   auf

AUF ist ein Zauberwort, das im Wesentlichen tatsächlich *auf*richtet, so dass vermeintliche Minderwertigkeitskomplexe aufgelöst werden können. Dazu ist es notwendig, dass Sie zuerst Ihren Vornamen sagen und dann zweimal AUF AUF!

Im Laufe der Zeit werden Sie sich immer seltener aufraffen müssen, da Sie von Tag zu Tag mehr – im wahrsten Sinne des Wortes – AUF Ihrem Weg sein werden. AUF AUF motiviert dazu, mit neuer Kraft weiter zu gehen und den eigenen Weg fortzusetzen. Sind Sie zu lange sitzen geblieben, und haben Sie nur zugeschaut, dann wird Sie AUF dazu bewegen, Ihre angefangenen Lebenspläne nun weiter in die Tat umzusetzen. Das Warten hat nun ein Ende, und endlich kommen die Dinge voran!

AUF aktiviert Ihr aufrichtiges Streben und Wollen.

HÜTEN

Sprechen Sie 3x hintereinander das Wort »hüten«.

hüten   hüten   hüten

»Sei auf der Hut! Hüte dich in einem solchen Fall!«
»Behütet« zu sein, kann bedeuten, dass man nach den
Lebensvorstellungen anderer Menschen (z. B. Eltern, Lehrer usw.) lebt. HÜTEN aktiviert den persönlichen Geist!
Ein Hut ist dabei quasi ein erweiterter Kopf, ein Symbol
für »geistiges Gewachsensein«, ein Schutz für unseren
Kopf ... – Hat man Sie auch schon einmal vor bestimmten Situationen gewarnt? Sie sollten sich vor etwas hüten
oder in Acht zu nehmen? HÜTEN aktiviert den inneren
Notfallplan, der uns in überraschenden Situationen hilft,
in einer für uns völlig untypischen Art und Weise zu handeln. Wir verfügen über sehr viel mehr Können, als uns
in dieser Welt bewusst gemacht wurde – und HÜTEN
beispielsweise bringt alte Geheimnisse zum Vorschein,
die uns im Jetzt dienen. Man muss wissen, dass es in jedem Fall einen Notfallplan gibt – doch wenn der Glaube
daran fehlt, kann man nicht darauf zurückgreifen.

Also vertrauen Sie darauf: HÜTEN aktiviert altes Wissen und bringt verborgene Erkenntnisse erneut zum Tragen.
Das Wissen alter Zeiten wird reaktiviert, und wir verfügen plötzlich wieder über Fähig- und Fertigkeiten, die wir
in vergangenen Leben bereits erfolgreich gemeistert haben.

ÜBERLEGEN

Sprechen Sie 9x hintereinander das Wort »überlegen«.

überlegen	überlegen	überlegen	**
überlegen	überlegen	überlegen	**
überlegen	überlegen	überlegen	

ÜBERLEGEN, verstehen und archivieren; damit sammelt man Wissen, das zu einem späteren Zeitpunkt seine Wichtigkeit haben wird. Wollen Sie Ihr Wissen erweitern, und wollen Sie bestimmte Dinge weiter entwickeln? Mit dem Schaltwort ÜBERLEGEN gewinnen Sie neues Wissen hinzu, das Ihnen helfen wird, über sich selbst hinaus zu wachsen.

Wie oft sagen wir: »Ich muss ÜBERLEGEN, wie es weiter gehen soll.« Oder: »Das muss ich mir noch ÜBERLEGEN!« Verwenden Sie ÜBERLEGEN, und lassen Sie einfach los. Sie verfügen bereits über so viel Wissen, und Sie sind nun bereit, dieses zu erweitern, um weiter voranzukommen und sich für höhere und anspruchsvollere Aufgaben vorzubereiten. Wissen ist Macht, und Wissen weckt das Interesse der Mitwelt an Ihnen.

Nehmen wir ein Beispiel: Ein Gedanke wird an Sie herangetragen, und nun ÜBERLEGEN Sie, ob Ihnen dieser Gedanke dient und Ihr vorhandenes Gedankengut erweitert. Wenn ja, werden Sie weitere Lichtblitze haben und in dem Sinne mehr begreifen und verstehen. Sie lesen beispielsweise ein Buch und werden mit neuen Informationen konfrontiert. Mit ÜBERLEGEN gelingt es Ihnen, Informationen zu gewinnen, die Sie weiterbringen. Es gibt vieles, das eine ÜBERLEGUNG Wert ist. Mit ÜBERLEGEN trennen Sie auch wichtige von unwichtigen Informationen. Sie erkennen, ob Ihnen das »fremde« Wissen im höchsten Sinn dient und was Sie davon in Ihrem Streben wirklich weiterbringt.

»Seminar vom ... ÜBERLEGEN«

»Vorstellung von ... ÜBERLEGEN« usw.

GLAUBEN

Sprechen Sie 6x hintereinander das Wort »glauben«.

glauben **   glauben **   glauben **
glauben **   glauben **   glauben **

GLAUBEN, aber nicht können – so geht es vielen Menschen. Der Glaube ist bereits da, doch fehlt das Vertrauen, dass man durch die eigene Kraft wirklich den Berg des Zweifels überwinden und seiner tatsächlichen Erfüllung begegnen kann. Fehlt Ihnen noch der Glaube, und doch haben Sie den Wunsch, mehr zu wissen und zu begreifen? Dann setzen Sie das Code-Wort GLAUBEN ein, denn es stärkt das Vertrauen in die eigene Macht. Denken Sie immer daran: »Der Glaube allein kann Berge versetzen!« Mit GLAUBEN können Sie sich aus der Knechtschaft der reinen Ratio befreien, um sich selbst wieder als größeres Wesen zu begreifen. Bedenken Sie auch: Wenn Sie schon nicht an sich selbst GLAUBEN, wie sollen es denn dann die anderen können? Sagen Sie:

»Liebe und Partnerschaft GLAUBEN«

»XY GLAUBEN«

»Mein Kind schafft es GLAUBEN« usw.

Gewinnen Sie Ihren Glauben zurück, und Sie sehen die Welt in einem anderen Licht!

WIRKEN

Sprechen Sie 5x, 3x und 1x das Wort »wirken«.

wirken   wirken   wirken   wirken   wirken   **

wirken   wirken   wirken

wirken

Scheint bei Ihnen nichts zu wirken? Haben Sie das Gefühl, dass alles, was Sie sagen und tun, völlig wirkungslos ist? Ist das Resultat, das sie erzielen, nie das, was Sie beabsichtigt hatten? Wirkt bei Ihnen einfach nichts? Der Grund: Sie haben sich in der Vergangenheit selbst die Wirkung entzogen. Es gibt Menschen, die haben ihre negativen Kräfte so aktiviert, so dass kein Mittel bei ihnen wirkt. – Verwenden Sie in solchen Fällen das Code-Wort WIRKEN; es löst die Angst und die Unsicherheit über die selbst aufgebaute »Unwirklichkeit« auf. WIRKEN ist gleichbedeutend mit »Ich gönne mir die Lösung und den Sieg«. WIRKEN hebt unterbewusste Blockaden auf. **WIRKlichkeit ist Wahrheit!**

»Wie wirke ich auf dich?« Diese Frage macht die persönliche Unsicherheit deutlich. Viele Menschen werden vom Ego beherrscht, das dauernd die Bestätigung der Mitwelt sucht und braucht. Darin wurzelt sehr viel Wut über die selbst auferlegte Abhängigkeit. Die Angst vor der eigenen Wirkung beruht auf Selbstzweifeln. Diese verhindern immer ein gutes Gelingen. WIRKEN können Sie daher auch da einsetzen, wo eine alte Erfahrung von

Zurückweisung noch buchstäblich in Ihren Knochen sitzt. Die Erfahrung der Vergangenheit wirkt nur weiter, weil die zugelassene und gespeicherte Einschüchterung den Mut, »es« erneut zu probieren, einschränkt. Man traut der Wirkung nicht, selbst wenn diese offensichtlich ist! Solange Ihnen gewisse Vorhaben nicht aus dem Kopf gehen, und solange Sie das Projekt geistig in sich nicht geklärt haben, sollten Sie mit WIRKEN die geplante Wirkung testen. WIRKEN aktiviert den Mut und das Vertrauen in die eigene Wirkungsfähigkeit. – »Du wirkst auf mich sehr sicher und selbstbewusst!« Dieses Kompliment erhalten Sie, sobald Sie Ihre Haltung geändert haben. Ihnen gelingt nun alles! WIRKEN Sie, und genießen Sie Ihre WIRKung! Leben und erkennen Sie Ihre persönliche Wirklichkeit!

ZEIGEN

Sprechen Sie 12x hintereinander das Wort »zeigen«.

zeigen	zeigen	zeigen	zeigen	**
zeigen	zeigen	zeigen	zeigen	**
zeigen	zeigen	zeigen	zeigen	

Kommen Ihre wahren Werte gar nicht wirklich zum Tragen? Lässt man Sie Ihr Können nicht zeigen? Gibt man Ihnen keine Chance, dabei zu sein und mitzuwirken? Bekommen Sie nicht einmal die Chance, sich vorzustellen? Sind Sie ohne Arbeitsstelle, und dabei könnten Sie mit Ihren Fähigkeiten so viel beitragen?

Der Grund dafür ist, dass Sie sich in der Vergangenheit geweigert haben, den anderen alles zu zeigen, was Sie wissen. Nun leiden Sie darunter und sind in dieser Welt, um diese leidige Erfahrung zu machen – doch Sie sind auch hier, um diese Haltung zu heilen.

ZEIGEN ist das Wunderwort, dass Sie wieder dabei sein lässt und das bewirkt, dass Ihre Mitwelt wieder an Ihren Werten interessiert ist.

»Dem will ich es ZEIGEN!« ZEIGEN ist das Zauberwort, das Ihre Bereitschaft hervorbringt, an der Gemeinschaft und am gesellschaftlichen Gewinn mitzuwirken und Ihr Bestes dazu beizutragen. ZEIGEN fördert das gemeinsame Werk, das allen Gewinn bringen kann. Mit ZEIGEN gönnen Sie auch den anderen die Lösung, weil

Sie ihnen ZEIGEN, was sie selbst auch tun können. ZEIGEN ist im erweiterten Sinn WEITER GEBEN und die höchste Kraft in jedem Menschen bewusst zu erkennen. Mit ZEIGEN zeigen Sie größten Respekt für das Können anderer!

ZEIGEN Sie sich! ZEIGEN Sie »es« dieser Welt! ZEI-GEN lässt Sie aus der Dunkelheit ins Licht treten!

STÄRKEN

Sprechen Sie 6x hintereinander das Wort »stärken«.

stärken   stärken   stärken   stärken   stärken   stärken

Haben Sie dauernd das Gefühl, Sie müssten sich schützen? Wer sich schützt, gibt dem anderen die Macht zu schaden. Die Angst vor Schaden schwächt das innere Vermögen und die eigene Macht. Anstatt sich zu schützen, sollte man sich STÄRKEN, um im bewussten Sinn zu wählen und zu handeln. Sind Sie förmlich den Schwächen erlegen? Brauchen Sie eine Stärkung, weil Sie Ihre Energie unnötig verschwendet haben? Mit STÄRKEN ziehen Sie alles in Ihr Dasein, das Ihnen Stärkung gibt und Sie in Ihrem eigenen Bestreben erstarken lässt. Es dient zur Stärkung, ohne dass es die Schwäche nährt. STÄRKEN ist das, was uns das Leben schenkt, wenn wir absolut gewillt sind, weiter zu machen und unser Ziel auch zu erreichen. Sie können z. B. Lebensmittel aufladen (»Dieser Apfel stärkt mein Immunsystem!«), und Sie werden erstaunliche Erfahrungen machen.

STÄRKEN baut auf und hilft uns, das Bewusstsein von Schwäche hinter uns zu lassen und stattdessen Stärke zu leben. STÄRKE nährt sich nicht von Schwäche, sondern vom Bewusstsein der Lösung. STÄRKEN aktiviert die innere Stärke und gibt uns die Möglichkeit, auch andere stark zu machen. Sagen Sie anderen in passenden Situationen doch einfach einmal:

»Sei stark, denn du wirst gewinnen!«

»Bleibe stark, denn die Lösung ist dir sicher!«

Setzen Sie das Wunderwort STÄRKEN ein, wenn Ihnen Schwäche begegnet.

»Augenfunktion STÄRKEN!«

»Herzfunktion STÄRKEN!«

»Rückenmuskulatur STÄRKEN!«

»Bindegewebe STÄRKEN!«

»Vertrauen STÄRKEN!«

»Durchsetzungskraft STÄRKEN!«

»Liebesfähigkeit STÄRKEN!« usw.

LIEBEN

Sprechen Sie 8x hintereinander das Wort »lieben«.

lieben	lieben	lieben	lieben
lieben	lieben	lieben	lieben

»Ich liebe deine Art! Ich liebe dein Wesen! Ich liebe das Leben!« LIEBEN ist die Kraft, die jeden Kampf beendet! »Liebe deine Feinde, denn dadurch hast du keine Feinde mehr!« Doch kann man LIEBEN, was man ablehnt? Mit LIEBEN können Sie sich wirklich vor Schaden bewahren. Warum fällt so vielen Menschen das LIEBEN schwer? Ist die Eigenliebe und somit die Liebesfähigkeit reduziert, kommt dies dementsprechend zum Ausdruck. So viele Menschen müssen sich sozusagen zur Liebe zwingen. Weil man sich selbst nicht lieben kann, zweifelt man auch an der Liebe des Partners, an der des Kindes, des Freundes usw. Man ist dauernd dabei zu prüfen, welche Handlung beweist, dass der andere einen liebt. Es ist schon erstaunlich, nach welch' unsinnigen Liebesbeweisen die Menschen suchen. Ein Phänomen ist z. B. der Valentinstag. Erhält man an diesem Tag keinen Blumenstrauß, so lässt das an der Liebe zweifeln, und Misstrauen beginnt sich einzuschleichen, wie eine Krankheit, die immer mehr Unwohlsein mit sich bringt. Dabei könnte man die Liebe einfach in der Gegenwart des Geliebten spüren, denn in Wahrheit ist der Moment der Begegnung das Zeichen von wirklicher Liebe. Schauen

Sie Ihrem Liebsten/Ihrer Liebsten in die Augen, und spüren Sie diesen Moment – dann wissen Sie, ob Liebe der Grund der Begegnung ist.

Weil bei den meisten Menschen die Eigenliebe fehlt, suchen sie nach Liebesbeweisen und sind dauernd im Kampf mit ihrem Partner. »Ich liebe mich – ich liebe mich – ich liebe mich, so wie ich bin« – dies ist der Zauberspruch, der den Zugang zur eigenen Schöpfungsmacht wieder bewusst herstellt und der die Eigenliebe fördert. Damit übernimmt man die Verantwortung für alles, was man aus sich gemacht hat. Durch diese Haltung lösen sich Selbstablehnung und Selbstzweifel auf, und wir erlauben uns, alles so zu ändern, dass es für uns stimmt. Eine enorme Wirkung erzielen Sie auch, indem Sie das Folgende sagen: »Ich bin die schaffende und liebende Kraft und Geistesgegenwart, die meinen Körper so formt, belebt und gesund erhält, dass sein Anblick, seine Funktion und mein Sein in diesem Körper für mich in jedem Moment eine Freude sind.«

»Liebe deinen Nächsten, wie dich selbst!« Doch von klein auf wird einem stets beigebracht, die anderen kämen zuerst, und man dürfte überhaupt nicht an sich selbst denken, sonst wäre man ein Egoist. Es ist erstaunlich, dass mit diesem Wort so viel Wertung verbunden ist. Keiner will einer sein, doch die meisten Menschen werden nur durch ihr Ego gesteuert, das die ganze Aufmerksamkeit fordert und so den Blick auf die Liebe versperrt. Wir sind uns selbst am nächsten, und wir sind uns selbst gegenüber zuerst verantwortlich. Denn erst durch die

Selbstliebe ist wahre Liebe zum Nächsten möglich. Ansonsten testet man eben nur ständig, ob man die Liebe des Partners noch hat. Selbst wenn man glaubt, der Liebe sicher zu sein, kommen sehr schnell Zweifel auf: »Wie kann es sein, dass der andere mich liebt, wenn ich doch so große Mühe damit habe, mich selbst zu lieben?« In dieser Haltung zeigt sich der ganze Widersinn, der vielen das Leben schwer macht.

Heilen Sie sich mit LIEBEN, wenn das Vertrauen in die Liebe fehlt! LIEBEN Sie auch die unangenehmen Dinge, denn auf diese Weise löst sich deren belastende Wirkung in Ihrem Dasein auf! Sagen Sie:

»XY LIEBEN«

»Mein Leben LIEBEN«

»Arbeit LIEBEN«

»Geld LIEBEN«

»Wetter LIEBEN«

»Körper LIEBEN«

»Situation XY LIEBEN« usw.

»Ich LIEBE alle meine Zellen, auch diejenigen, die man Krebszellen nennt!« Schließen Sie nichts aus, sondern lieben Sie, was Sie bedroht. Das ist wahre Meisterschaft in LIEBE!

Die Liebe ist die stärkste heilende Kraft,
denn die Liebe ist immer die Lösung!

LEBEN

Sprechen Sie 7x oder 9x hintereinander das Wort »leben«.

leben   leben   leben   leben   leben   leben   leben   **

oder

leben   leben   leben   leben   leben   leben   leben

leben   leben

»Ich liebe das Leben! – Ich will leben!« Kaum beginnt das Leben, beginnt auch schon die Angst vor dem Tod. Unzählige Menschen verpassen das Leben, weil sie sich zu sehr mit dem Ende und der Endlichkeit beschäftigen. Es tauchen Fragen auf wie: Soll man überhaupt noch etwas anfangen? Lohnt es sich eigentlich? Vielleicht erlebe ich es ja einmal? Vielleicht aber auch nicht …? – Sehr viele haben bereits resigniert und geben sich nicht wirklich die Chance, dies oder jenes noch zu erleben.

Das Zauberwort LEBEN weckt die Lebensgeister im wahrsten Sinne des Wortes. Leidet ein Mensch beispielsweise unter einer tödlichen Krankheit, geben meist die Angehörigen zuerst auf. Sie bereiten sich auf das Ende ihres Mitmenschen vor, weil sie gar nicht glauben können, dass das Leben weitergeht. LEBEN hilft hier, die Kraft im Jetzt wieder zu haben. Wenn wir uns mit dem Ende befassen, verlassen uns die Lebensgeister, weil wir dies mit unserer inneren Haltung so bestimmen. Wir sind so mächtig, solches selbst zu vollbringen. Leider machen – in Zeiten einer Krankheit – die Angehörigen oft ein großes Drama aus dem Zustand des Familienmitglieds, statt dieses mit ihrem Glauben und ihrer Kraft zu stärken. Der Glaube an das Leben fördert die Lebenskraft. LEBEN Sie! LIEBEN Sie! In Zeiten von Lebensmüdigkeit und Leblosigkeit können Sie das Leben mit dem Wunderwort LEBEN in sich wieder wecken!

Haben Sie gerade eine Krankheit zu meistern? Folgende Haltung könnte Ihnen Erleichterung bringen: »Ich bin die schaffende Gegenwart und der bewusste Geist in mir, der meinen Körper mit Leben erfüllt und der nun alle Lebensgeister aktiviert, so dass das Sein in diesem Körper wieder ganz und gar lebenswert ist!«

Das LEBEN geht auf jeden Fall weiter – in welcher Form auch immer!

LACHEN

Sprechen Sie 7x hintereinander das Wort »lachen«.

lachen   lachen   lachen   lachen   lachen
lachen   lachen

Ist Ihnen mehr zum Weinen als zum Lachen zumute? Blasen Sie jeden Tag Trübsal, und können Sie sich überhaupt an nichts mehr erfreuen? Ist Ihnen das Lachen sprichwörtlich vergangen? Doch genau in solchen Situationen sollten Sie sich ins Bewusstsein rufen: »Da kann man eigentlich nur noch LACHEN!« LACHEN hat die Kraft, den Zwang zur Trauer zu besiegen und hilft dabei, die Erfahrung eines vermeintlichen Verlustes zu überwinden.

Menschen können nicht mehr LACHEN, weil ein vergangenes Erlebnis sie des Lebens nicht mehr froh sein lässt. LACHEN befreit vom Leidensdruck und vom Zwang der Selbst-Bestrafung. Sie haben sicher auch schon Szenen erlebt, die eigentlich traurig waren, und dennoch haben Sie einen fast nicht bezähmbaren Drang zum LACHEN gehabt. LACHEN befreit und erlöst negative Energie, die eigentlich sowieso nichts bringt oder gar ändert. Begegnen Sie dem Leben daher mit LACHEN, und Sie finden zu Ihrer inneren Zuversicht zurück! LACHEN – LEBEN – LIEBEN Sie – sich selbst zuliebe!

WOLLEN

Ich will ...!

ICH WILL aktiviert Ihre persönliche Kraft der Selbst-
bestimmung. Es wird allerdings nur wirken, wenn Sie ICH
WILL zur persönlichen Entfaltung einsetzen, wie z. B.
»ICH WILL wieder dauerhaft gesund und heil sein«.
Aber es wird dagegen kaum eine Wirkung zeigen, wenn
Sie Dinge sagen wie: »ICH WILL, dass mein Mann end-
lich einsieht, dass ...«.

ICH WILL bringt Sie überall hin, denn Ihr Wollen ist
Ihre Zukunft. Daher sollten Sie gut überlegen, was Sie
wollen. Sie haben, was Sie einst wollten! Vor-Sicht vor
Ihrem eigenen Wollen ...

WOLLEN Sie endlich aus Ihrer Lebenslethargie her-
ausfinden, und WOLLEN Sie Ihr Leben endlich leben?
WOLLEN aktiviert brachliegende Kräfte und Fähigkeiten
und fördert den Tatendrang. Eine Motivation, mehr zu
WOLLEN, könnte durch ein Idol angeregt werden. WOL-
LEN Sie auch zu solch wunderbarem Tun fähig sein, so
sagen Sie den Namen dieser Person und WOLLEN. Glauben Sie nicht, dass es funktioniert? Probieren Sie es aus!
Man muss nur WOLLEN!

Ab dem Zeitpunkt, ab dem Sie für sich gewählt haben zu WOLLEN, beginnt sich die Lebenssituation so zu
bilden, dass Sie das, was Sie wollten, verwirklichen

können. WOLLEN ist bewusste Aktivität zur Lebensveränderung. Beispiel: Sie befinden sich in einer schwieri-
gen Situation und entschließen sich, die Hilfe eines Experten hinzuzuziehen und vereinbaren einen Termin. Ein
guter Berater ist höchst wahrscheinlich auf längere Zeit
ausgebucht, und Sie müssen einige Zeit warten, bis die
Beratung stattfinden kann. Ab dem Zeitpunkt der Termin-
vereinbarung beginnt sich bei Ihnen aber bereits die Lösung anzubahnen. Es könnte durchaus sein, dass Sie bis
zum Termin die Lösung selbst kreiert haben und nun nur
noch die Zustimmung eines Meisters bekommen. Darin
erleben Sie Ihr eigenes Können, wenn Sie denn nur
WOLLEN.

KÖNNEN

Sprechen Sie 6x hintereinander das Wort »können«.

können   können   können
können   können   können

Kunst kommt von können, und so ist das glückliche Leben keine Kunst, wenn Sie denn nur an Ihr KÖNNEN glauben. Hat man Ihnen stets gesagt, Sie könnten nichts, und haben Sie diese Meinung ernsthaft übernommen? Dann sind Sie arm dran ... Mit dem Codewort KÖNNEN sind Sie in der Lage, Ihre Fähigkeiten zu aktivieren, Sie werden zusehends mutiger und können sich so auch noch in neue Schaffensgebiete wagen. KÖNNEN aktiviert den Mut und den Glauben an sich selbst. Sagen Sie:

»Ich traue mir selbst mehr (oder alles) Können wieder zu!«

Diese Haltung wird Sie zu einem wunderbaren Meister werden lassen. Sie brauchen Ihr KÖNNEN nicht mit anderen zu vergleichen, denn was die anderen KÖNNEN, können Sie längst schon. Trauen Sie jedem größtes Können zu, und Sie entwickeln sich selbst zum größten Könner-Kenner!

MEISTERN

Sprechen Sie 11x hintereinander das Wort »meistern«.

meistern	meistern	meistern	meistern	**
meistern	meistern	meistern	meistern	**
meistern	meistern	meistern		

Es ist noch kein Meister vom Himmel gefallen, doch jeder Meister strebt den Himmel, sprich das Höchste an! **Ein Meister wählt das Ziel, doch der Weg bleibt eine Überraschung!** Sind Sie immer noch bereit, ein wahrer und wirklicher Meister zu sein? Wenn JA, beginnt Ihre Meisterschaft JETZT!

Wollen Sie selbst berühmt und für Ihre Taten bewundert werden? MEISTERN ist das Codewort, das mehr aus Ihnen macht, als Sie sich bis jetzt selbst zugetraut haben. MEISTERN hilft Ihnen, Ihre Gewöhnlichkeit zu überwinden. Ein Meister lebt nicht das Leben der Masse, doch stört er auch deren Abläufe nicht, weil er den Sinn und die Selbstbestimmung eines jeden Wesens respektiert.

MEISTERN aktiviert ein breiteres Spektrum an Können. Wenn Sie eine bestimmte Situation meistern wollen, dann können Sie auch um Unterstützung bitten: »Ich will dieses Projekt MEISTERN und bitte den Meister (z. B. Jesus, St. Germain usw.), bei meinem Vorhaben mit seiner Erfahrung mitzuwirken.« MEISTERN verlangt von Ihnen mehr, als nur das Gewöhnliche zu wollen.

MEISTERN aktiviert Ihre Bereitschaft zu wirklicher Meisterschaft. Die Meister geben dabei ihr Wissen weiter, aber ohne zu belehren. Ein wahrer Meister bestärkt andere, selbst an ihre Meisterschaft zu glauben und stärkt sie in IHREM meisterlichen Sein. Ein Meister verlangt alles von Ihnen, weil er weiß, dass Sie zu ALLEM fähig sind.

Ihre Seele hat bereits einen großen Weg hinter sich, und Sie sind nun hier in dieser Welt, um Ihrer eigenen und wahren Größe gerecht zu werden. MEISTERN zeigt Ihnen, wie dies zu schaffen ist.

PREISEN

Sprechen Sie 1x das Wort »preisen«.

preisen

»Gepriesen sei/ist die Schönheit dieses Tages! Gepriesen ist dein Werk! Gepriesen ist die Lösung deines Falles!« Ist erst einmal ein Wert geschaffen, dann tritt Freude und Entspannung in unser Dasein. PREISEN lässt uns im Wert des Sieges weiter wachsen, ohne dass man weiter viel tun muss.

Einen Preis zu erhalten bedeutet, mit einer Auszeichnung gesegnet zu sein. PREISEN aktiviert demnach den außergewöhnlichen Sieg und fördert die Lust an außergewöhnlicher Leistung! PREISEN lässt die Werte unendlich wachsen, so dass sich diese in neuen Dimensionen entfalten.

»Preiset den Herrn« sollte eigentlich heißen: »Preise die göttliche Kraft in dir!« »Gepriesen ist dein/mein Sein!« »Gepriesen ist die wundervolle Allmacht deines Geistes!« Diese Sätze fördern die Sicht für die tatsächlich vorhandenen Werte, und somit stärken sie unsere Wirklichkeit.

»Gepriesen ist die höchste Kraft in mir!«

»Gepriesen ist mein Sein!«

»Gepriesen ist mein ganzes Wesen!«

»Gepriesen ist das Wunder des Lebens, das sich in jedem Moment offenbart!«

Holen Sie das Beste aus sich heraus, und bringen Sie es in der Tat zum Ausdruck. PREISEN Sie das Wunder der Liebe! PREISEN Sie die Wahl Ihres Lebens! PREISEN Sie das Werk Ihrer Mitmenschen – und Sie werden große Anerkennung erhalten. Nur für die Selbstvernachlässigung zahlen Sie einen hohen Preis. PREISEN Sie daher Ihr Sein!

GÖNNEN

Sprechen Sie 5x hintereinander das Wort »gönnen«.

gönnen   gönnen   gönnen   gönnen   gönnen

GÖNNEN kommt von gewinnen, und GÖNNEN verstärkt die Möglichkeiten der Ernte, ja es verstärkt das Bewusstsein der Ernte.

Soll Ihr Tun nicht weiter sinnlos sein, und wollen Sie nicht weiter sagen »ohne Spesen nichts gewesen«, so aktivieren Sie mit GÖNNEN, dass Ihr Vorhaben sichtbaren Gewinn einbringt. GÖNNEN wird Sie erkennen lassen, was Gewinn bringt – und was nicht. Seien Sie auch großzügig, und GÖNNEN Sie sich und Ihren Mitmenschen nur das Beste! Sind Sie von Missgunst und Neid geplagt, so können Sie diese negative und hinderliche Haltung mit GÖNNEN besiegen und so selbst wieder zum Gönner werden. GÖNNEN schafft zudem günstige Gelegenheiten. Nutzen Sie dann auch die Gunst der Stunde, d. h. die Kraft der Gegenwart. Wenn heute etwas an Sie herantritt, so zeigt Ihnen das Leben, dass jetzt die beste Gelegenheit zur Tat ist, und dass die Chance zur Lösung und Befreiung nun gegeben ist. GÖNNEN aktiviert den Gewinn und das Wachstum. Wer zu viel auf später verschiebt, bestraft sich selbst, weil man sich dadurch selbst aller Chancen beraubt.

GÖNNEN Sie sich die Freude! GÖNNEN Sie sich die Freiheit zur Wahl! GÖNNEN Sie sich den Genuss!

LENKEN

Sprechen Sie 8x hintereinander das Wort »lenken«.

lenken	lenken	lenken	lenken	**
lenken	lenken	lenken	lenken	

Ist Ihr Leben fremd gesteuert! Müssen Sie sich unterordnen? Müssen Sie Ihre Pläne dauernd umstellen, weil Ihr Chef in eine andere Richtung will? Wollen Sie endlich selbstbestimmt Ihren Weg gehen? Können Sie einem anderen die Führung überlassen, ohne das Gefühl zu haben, fremdbestimmt zu sein? – Vielleicht können Sie die Dinge doch besser und weiser in die richtige Richtung LENKEN, als Sie sich selbst bewusst sind. Mit LENKEN befreien Sie sich von dem Zwang, einen fremden Weg befolgen zu müssen. LENKEN und leiten Sie, denn Sie begegnen im eigentlichen Sinn sowieso nur den Menschen, die irgendwie den gleichen Weg haben.

LENKEN verlangt inneres Vertrauen. Es gibt eine wunderbare Übung, Vertrauen in den Partner zu finden, indem man sich die Augen verbindet und der Partner hinter einem steht. Man trifft vorher die Abmachung, dass der Partner einen auffängt, während man sich rückwärts in seine Arme fallen lässt. An dieser Übung lässt sich das Vertrauen feststellen, das tatsächlich zwischen Ihnen und Ihrem Partner vorhanden ist. (Sie können diese Übung natürlich auch mit Ihrem Kind machen. Es wäre sehr bedenklich, wenn Ihnen Ihr Kind nicht trauen kann. Doch solche Erfahrungen zeigen, wo Handlungsbedarf ist.)

Haben Sie dauernd Angst, mit Ihrem Partner in die falsche Richtung zu gehen, aber Sie lassen sich dennoch immer wieder zu Zusagen und zum Mitmachen verleiten? Dann können Sie mit LENKEN klären, inwieweit Ihr Vorhaben mit seinem Lebensplan EINIG geht.

»Der Mensch denkt, und Gott lenkt!« Dieses Sprichwort sagt mehr aus, als sich zuerst vermuten lässt. Scheint der Weg in eine bestimmte Richtung versperrt, und kommen Sie nicht weiter voran, dann sagen Sie LENKEN, und Sie werden an den Punkt geleitet, an dem die Lösung und die Erfüllung sind.

LENKEN hilft Ihnen in Momenten der Orientierungslosigkeit und wenn Sie auf Ihrem Lebensweg nicht mehr weiter wissen. LENKEN aktiviert den inneren Kompass, so dass Sie Ihr Ziel sicher und in kürzester Zeit erreichen. Sind Sie von Ihrem Weg abgekommen, so werden Sie mit LENKEN wieder auf den richtigen Weg gebracht.

Lassen Sie sich gedanklich ablenken, indem Sie über Menschen und Dinge nachdenken, obwohl „es" nicht wirklich etwas bringt? Fällt es Ihnen schwer, gedanklich ausgerichtet zu bleiben, weil Sie sich mit Dingen und Personen beschäftigen, die Ihr Ego herausgefordert haben? Mit Ihrer Geistesgegenwart können Sie dies sofort überwinden, indem Sie sagen: »Mein Geist ist frei von ziellosen Gedanken!«

ABSTELLEN

Sprechen Sie 3x hintereinander das Wort »abstellen«.

abstellen   abstellen   abstellen

Leiden Sie unter Zwängen, und tun Sie ständig Dinge, die Sie eigentlich gar nicht wollen? Können Sie diese einfach nicht sein lassen? Gewohnheiten werden zu Zwängen, die eine neue Lebensgestaltung verhindern. Es ist im wahrsten Sinne des Wortes zum Verrückt-Werden, dass z. B. Alkohol oder Zigaretten zum Konsum zwingen und man so zum Sklaven eines Zwanges wird. Die Macht der Gewohnheit macht gewöhnlich.

Wir besitzen ein Gehirn mit unermesslichen Möglichkeiten, doch wenn wir Zwangshandlungen unterworfen sind, werden im Gehirn immer wieder dieselben Synopsen aktiviert. Tun wir also immer nur das Gleiche, so laufen wir in einer Schiene, und wir sind gezwungen, immer den gleichen Weg zu gehen. ABSTELLEN stoppt diesen Prozess. Mit dem Codewort ABSTELLEN können Sie Ihre Zwänge besser und schneller überwinden. Jedes Mal wenn Sie wieder in Versuchung sind, Ihrem Zwangsverhalten zu erliegen, dann sagen Sie 3x ABSTELLEN.

VERDECKEN

Sprechen Sie 3x hintereinander das Wort »verdecken«.

verdecken   verdecken   verdecken

Gelingt es Ihnen oft nicht, unerwünschte Gefühle und Regungen in Gegenwart bestimmter Personen zu VERDECKEN? Hindert Sie dies an der freien Entfaltung Ihrer gegenwärtigen Aufgabe? VERDECKEN regelt die körperlichen Symptome, die zeigen könnten, dass man Angst hat oder dass man erregt ist.

»Unsicherheit VERDECKEN«

»ich bin ein Anfänger VERDECKEN«

»Vergangenheit VERDECKEN«

»Zustand ... VERDECKEN« usw.

VERDECKEN Sie, was nicht für andere bestimmt ist. Mit VERDECKEN können Sie alte Wunden besser heilen, weil Sie nicht dauernd darauf aufmerksam gemacht werden.

SCHAUEN

Sprechen Sie 7x, 5x, 3x hintereinander »schauen«.

schauen	schauen	schauen	schauen
schauen	schauen	schauen	**
schauen	schauen	schauen	schauen
schauen	**		
schauen	schauen	schauen	

SCHAUEN ist mehr als sehen. SCHAUEN ist das Sehen mit dem Herzen und aktiviert die Fähigkeit zum Hellsehen. Betrachten wir eine Situation und denken wir also über sie nach, so neigen wir dazu, mit unseren gedanklichen Vorstellungen nur die Dinge zu sehen, von denen wir denken, dass sie zur Situation gehören. Denken trüb demnach den ganzheitlichen Blick! Wir denken, was wir sehen. Denken ist Ein-Bild-ung, und so bringt uns ein Gedanke dazu, nur ein Bild, nur einen Teil des Geschehens zu fixieren. SCHAUEN aktiviert das Sehen, ohne zu denken.

Haben Sie den Überblick verloren? Können Sie eine Situation nicht mehr objektiv betrachten? Sehen Sie nur noch das Eine, und ignorieren Sie das Andere? SCHAUEN bewirkt, dass Sie wieder mit dem Gefühl sehen, und dass es Ihnen wieder möglich ist, etwas ohne Wertung zu betrachten sowie den wesentlichen Überblick zurückzugewinnen.

KOSTEN

Sprechen Sie 2x hintereinander das Wort »kosten«.

kosten   kosten

»Es koste, was es wolle. Ich bin zu allem bereit!« –
Das sollte Ihr neuer Wahlspruch werden. Denn solange
wir über Kosten und Nutzen nachdenken, leben wir in
der Gewöhnlichkeit und gönnen uns die neuen Erfahrungen nicht. KOSTEN heißt, etwas Neues zu wagen. »Was
kostet es mich schon, wenn ich es einmal probiere?«
Diese Frage haben Sie sich sicherlich auch schon gestellt.
Dann haben Sie »es« gewagt – und sicherlich dazuge-
wonnen.

Haben Sie Angst vor den Kosten, und reduzieren Sie
Ihr Vorhaben? Dann haben Sie den Glauben an Ihre wundersame Vermehrung aufgegeben. KOSTEN bringt Ihnen
neue »köstliche« Erfahrungen. **Sie kommen** *in der Tat*
auf Ihre KOSTEN! Haben Sie Angst, es könnte Sie Ihren
Ruf kosten? Haben Sie Angst, es könnte Sie Ihre Liebe
kosten? Haben Sie Angst, es könnte Sie Ihr Leben kosten?
KOSTEN macht deutlich, was Sie nun wagen können und
sollten, indem es Ihnen Ihre Ängste aufzeigt – nicht mehr
und nicht weniger.

Kostet Sie etwas zu viel Kraft, so sind Sie mit der fal-
schen Haltung dabei. Sie haben nun die Wahl, mit

KOSTEN Gewinn oder Verlust zu erkennen. Sagen Sie KOSTEN, und dann hören Sie auf Ihr Gefühl, und Sie werden sehen, Ihr Einsatz und Ihr Wagnis werden belohnt. Sehen Sie aber nur die Kosten und nicht den Gewinn, dann werden Sie eindeutig verlieren. Achten Sie auf Ihre eigene Haltung! Was andere denken wirkt sich – solange sie dieses nicht übernehmen – nicht unbedingt in Ihrem Leben aus, aber was SIE denken, das wird wirken. Wer nur an das Einsparen der Kosten denkt, der glaubt nicht wirklich an Wachstum. Wer seine Kosten optimiert, der richtet das Verhältnis von Geben und Nehmen mit dem Ziel des reellen Gewinns aus.

Wer auf Kosten anderer lebt, hat sein eigenes Wachsen bereits aufgegeben. KOSTEN Sie Ihre Möglichkeiten und Ihr Leben aus!

AMEN

Sprechen Sie 1x das Wort »amen«.

amen

AMEN ist die Haltung, die alles Vergangene (das zuvor Gesagte) segnet. AMEN ist Ende und gleichzeitig Anfang. Ist eine Erfahrung durch die innere Erkenntnis abgeschlossen, so eröffnen sich uns neue Möglichkeiten, denn das Leben schreitet weiter voran – in seiner unbeschreiblichen *Herr*lichkeit.

»Wie das AMEN in der Kirche« sollten wir unseren Tag und die Rückschau abschließen. Bevor Sie einschlafen, sollten Sie danken für den Tag und die Erkenntnisse, die Sie an diesem Tag gewonnen haben. Sollten Ihnen die Worte fehlen, so sagen Sie einfach AMEN, denn dieses beendet die Geschehnisse im besten Sinn und hilft Ihnen, den nächsten Tag optimal zu beginnen.

Schaltworte aus dem Buch
»Das Leben geht weiter ... und DU?

OM – Ich bin weckt die schaffende Gegenwart in uns und wirkt im Sinn der höchsten Kraft. Ich bin die schaffende Gegenwart, die mein Dasein in der Art und Weise bestimmt, in der ich es JETZT erlebe.

BITTE weckt die Kraft bewussten Strebens und Wollens. BITTE, und dir wird gegeben, denn keine BITTE ist umsonst. Doch sie sollte unbedingt klar formuliert sein.

DANKE weckt die Aufmerksamkeit für die vorhandenen Werte. Das Leben ist das DANKEschön deiner Gedanken!
Sagen Sie: »DANKE für den Reichtum, den deine Gegenwart in mein Leben bringt.«

JETZT weckt die Sicht für die gegenwärtigen Möglichkeiten und Chancen und beendet das Warten. »Now or never« – wenn Sie nicht JETZT beginnen, werden Sie es mit Sicherheit irgendwann bereuen.

AHA bringt das Gegenüber zum Nachdenken!

FRIEDE MIT DIR beendet den Kampf mit sich selbst und mit der Mitwelt. FRIEDE MIT DIR nimmt dem Kampf und der Zerstörung die Wirkung und setzt beleidigende Vorhaben außer Kraft.

GNADE schafft die Möglichkeit, nochmals von vorne beginnen zu können. GNADE ist das Bitten um eine nochmalige Chance, damit man das gescheiterte Vorhaben dann im zweiten Anlauf schafft. »Ich verfüge über die begnadete Fähigkeit im Bereich ...!« Seien Sie begnadet und von der höchsten Kraft in sich selbst geführt.

IMMER lässt die Dinge ewig sein. Bei IMMER ist Vorsicht geboten, denn es kommt sehr darauf an, in welchem Zusammenhang Sie dieses Code-Wort einsetzen, damit Sie nicht *immer* an etwas gebunden sind, dass Sie vielleicht gar nicht wirklich wollten …

MITEINANDER schafft bewusste Gemeinschaft, beschleunigt gemeinsame Vorhaben und optimiert das Gelingen gemeinsam geplanter Projekte.

STOPP bringt die Dinge zum Anhalten, um nicht weiter sinnlose Energie zu verschwenden.

WEITER fördert die eigene persönliche Kreativität und bringt neue Möglichkeiten hervor. Sollten Sie nicht weiterwissen, dann wissen Sie dank dem Wörtchen WEITER bald, was Sie *weiter*bringen könnte. Es geht immer WEITER – Sie bestimmen, wann Sie soweit sind!

HEH hält ein Geschehen augenblicklich an, um dessen Verlauf in eine selbst bestimmte Richtung zu lenken.

PUNKT hilft, etwas zu beenden und so stehen zu lassen, weil es nichts weiter hinzuzufügen gibt. PUNKT hält das Geschehen an einem PUNKT an, damit man das bereits Aufgenommene erst einmal verdauen, d. h. verarbeiten kann. Wird es Ihnen also zu viel, dann machen Sie ganz einfach einen PUNKT, und bestimmen Sie mit WEITER, wann Sie bereit sind, in Ihrem Prozess fortzufahren.

ÄNDERN löst gegenwärtige Zustände und fördert deren Optimierung. Werden Sie dauernd von Selbstzweifeln und Ängsten geplagt, so schaffen Sie mit ÄNDERN Abhilfe. Weil der Zweifel an Ihnen nagt, müssen Sie dieses Code-Wort vielleicht tausendmal sagen, bis Sie endlich all Ihre hemmenden Zweifel abgelegt haben. Aber lassen Sie sich durch nichts aufhalten, was Ihrem Glück im Wege stehen könnte. Denn das Hindernis ist man immer selbst!

BEWEGEN löst Erstarrungen und befreit von blockieren-den Haltungen. BEWEGEN aktiviert inaktive Hirnzel-len. Es könnte sein, dass Sie Dinge und Ihren Körper plötzlich in einer neuen Art und Weise bewegen können.

Weiterführende Informationen zu
Büchern, Autoren und den Aktivitäten
des Silberschnur Verlages erhalten Sie unter:
www.silberschnur.de

Natürlich können Sie uns auch gerne den
Antwort-Coupon aus dem beiliegenden
Lesezeichenflyer zusenden.

Ihr Interesse wird belohnt!

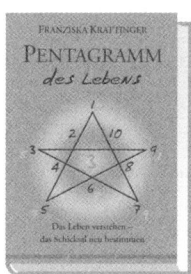

Franziska Krattinger

Pentagramm des Lebens

Das Leben verstehen –
das Schicksal neu bestimmen

Die Pentagramm-Analyse nach F. Krattinger ist eine gänzlich neue Methode, um unsere wesentlichen Verhaltensweisen und deren Folgen für uns zu erkennen, die völlig ohne komplexe astrologische oder numerologische Berechnungen auskommt. Vielmehr handelt es sich hierbei um ein revolutionäres, auf dem Pentagramm basierendes Konzept, das dem Leser alles an die Hand gibt, was er wissen muss, um sein unbewusstes Programm umzuschreiben, die »schicksalhafte Fügung« aufzuknacken. Mit seiner einfachen Logik und den vielfachen Kombinationsmöglichkeiten hilft Ihnen das Pentragramm, die Wahl der persönlichen Lebensaufgaben zu erkennen. Der tatsächlichen Lebensveränderung steht nun nichts mehr im Weg.

528 Seiten, gebunden
ISBN 978-3-89845-075-1
€ [D] 29.90

Franziska Krattinger

Machtworte

Was Worte machen können

Dass sich mit dem richtigen Wort zur rechten Zeit jede Situation verändern lässt, je nachdem, welche Energie mit diesem Wort in die entsprechende Situation strömt, haben schon viele Menschen selbst erfahren. Schaltworte, Kraftworte – die Autorin stellt in diesem Buch 72 solcher Worte mit magischer Wirkung vor und führt uns gleichzeitig eindrucksvoll die Macht des Wortes vor...

Denn eines dieser magischen Worte genügt schon, um einen unterbrochenen energetischen Fluss wieder zum Fließen zu bringen – und so alles wieder in die richtige Bahn zu lenken!

256 Seiten, Klappenbr.
ISBN 978-3-89845-232-8
€ [D] 12.90

Franziska Krattinger

Die Kraft der 144 Schalt- und Machtworte

Es ist schwer, eingefahrene Wege zu verlassen und wirklich etwas in seinem Leben zu verändern.

144 Karten mit Kurzanleitung, inkl. Miniposter, in Box
EAN 4260075280-28-8
€ [D] 19.95

Die 144 wirkungsvollen Karten mit Schalt- und Machtworten helfen dabei, denn sie erwecken die uns innerwohnende positive Macht zur selbstbestimmten Veränderung von Situationen und Vorhaben. Eines dieser Worte genügt bereits, um einen unterbrochenen energetischen Fluss wieder zum Laufen zu bringen und so alles zum Besten zu lenken! Schalten auch Sie einfach um – und beobachten Sie die positiven Veränderungen in Ihrem täglichen Leben. Sie haben WIRKLICH die Macht dazu!

Franziska Krattinger

Woran Pechvögel hängen und worauf Glückskinder aufbauen
Alles beginnt klein und endet groß

Viele Menschen wissen bereits, dass sie ihr Leben aus der Kraft ihrer Gedanken und Gefühle bestimmen. Positives Denken ist angesagt. Die Theorie ist gut, doch die Praxis im Alltag fällt nicht so leicht, da die Menschen in alten Denk- und Gefühlsgewohnheiten gefangen sind.

176 Seiten, 2-farbig, bros.
ISBN 978-3-89845-467-4
€ [D] 12,95

Franziska Krattinger beschreibt die Stolpersteine, genannt Gewohnheiten, und zeigt die Lösungen dazu. Die Möglichkeiten zur Verbesserung unseres Lebensgefühls sind verblüffend einfach, wirkungsvoll und für jedermann leicht anzuwenden...
Dieses kleine Buch hat große Wirkung, da es die Kraft des positiven Denkens in uns entfacht!

192 Seiten, Klappenbr.
ISBN 978-3-89845-136-9
€ [D] 11,90

Franziska Krattinger

Das Leben geht weiter ... und DU?

Wissen Sie, was Schaltworte sind? Sind Sie in der Lage, durch Reden Macht zu bekommen? Beherrschen Sie die Körpersprache?

Lernen Sie mit Hilfe dieses kleinen Ratgebers, Ihre realen wie auch Ihre nonverbalen Äußerungen sowie die Ihres Umfelds zu entschlüsseln – und werden Sie zu einem bewussten Menschen, der nicht auf alles »antwortet«, also reagiert, sondern der nur agiert, wenn es seinem persönlichen Willen entspricht.

160 Seiten, Klappenbr.
ISBN 978-3-89845-054-6
€ [D] 9,90

Franziska Krattinger

Erfolgsrezepte
Greife nach den Sternen,
wenn du wachsen willst!

Menschen leben in ihren Gewohnheiten, und sie wiederholen sich ständig. Um seine Gewohnheiten, die allein aus fixiertem Denken entstehen, zu ändern, muss der Mensch zuerst auf andere Gedanken kommen. Denn andere Gedanken bringen neue Vorstellungen, und neue Vorstellungen bringen neue Lebenssituationen. Die richtige Einstellung macht jeden Menschen zum Gewinner! Franziska Krattinger hilft den Menschen, auf andere Gedanken zu kommen und so ihr Leben mit wahrer Freude, tiefer Liebe und verstärktem Bewusstsein dauerhaft zu verändern, um sich so den Weg durch den Alltag zu erleichtern.

128 Seiten, 4-fbg.,
wattiert, gebunden
ISBN 978-3-89845-499-5
€ [D] 12,95

Irene Lauretti

Mit der Kraft deiner Hände

Energieheilgriffe für schnelles Wohlbefinden

Egal, wo Sie gerade sind oder wie viel Zeit Sie haben – Sie jederzeit schnell und effektiv Ihre Gesundheit stärken, Beschwerden lindern und Ihre Energiereserven auffüllen. Irene Lauretti zeigt Ihnen, wie Sie Ihre Selbstheilungskräfte mobilisieren. Alles, was Sie dafür benötigen, sind Ihre Hände. Durch sanftes Halten der Finger und Berühren bestimmter Energiepunkte am Körper erreichen Sie jeden Bereich Ihres Seins. Die Heilgriffe geben Ihnen in jedem Augenblick genau das, was Ihr Körper und Ihre Seele gerade benötigen! Erreichen Sie ab sofort einfach und schnell mehr Wohlbefinden, Gesundheit und Vitalität!

240 Seiten, gebunden
mit abgerundeten Ecken
ISBN 978-3-89845-569-5
€ [D] 16,95

Vadim Zeland

TransSurfing to go

Anwendung der Wirklichkeitssteuerung

Vadim Zeland zeigt Ihnen, wie Sie sich endlich das Leben formen können, das Sie schon immer führen wollten. Wenn Sie den Rahmen des scheinbar feststehenden Algorithmus »Denke wie alle – handle wie alle – sei wie alle« verlassen, werden sich Ihre Möglichkeiten und Chancen weit über die Grenzen des für alle anderen Erreichbaren hinaus ausdehnen!

In »TransSurfing to go« fasst Zeland alle relevanten Prinzipien der Methode kompakt zusammen und hilft Ihnen, sie zur richtigen Zeit zu verwenden.

Einfach zu lesen – einfach anzuwenden.